ullstein

Das Buch

Über die Deutschen gibt es eine Menge Klischees. Aber sind sie wirklich so schlimm wie ihr Ruf?

Die Autoren dieses Buches haben sich die Deutschen genauer angesehen und dabei viel herausgefunden. Maxim Gorski nimmt das deutsche Autofahrverhalten unter die Lupe, Hatice Akyün wundert sich über die Dating-Gewohnheiten der Deutschen, Rafik Schami fürchtet den Nudelsalat seiner Gäste, Roger Boyes versteht die deutschen Frauen nicht, und Luigi Brogna bemitleidet die Deutschen wegen ihres Essens. Doch all diese wunderbaren Eigenarten der Deutschen beweisen den ihnen so häufig abgesprochenen Humor. Hier lachen die Deutschen herzlich über sich selbst – beim Lesen dieses witzigen, ironischen und dennoch liebevollen Büchleins.

Die Herausgeberin

Angela Troni, geboren 1970, war Lektorin in einem großen Verlag, ehe sie sich 1999 als freie Lektorin und Übersetzerin selbständig machte. Inzwischen schreibt sie auch, arbeitet als Ghostwriterin und gibt Bücher heraus. Sie hat literarische Kochbücher und humorvolle Geschenkbücher für Frauen verfasst.

Von Angela Troni sind in unserem Hause bereits erschienen:

Gebrauchsanweisung für Männer und Frauen
Ich hab schon Schlimmeres erlebt
Vaterglück

Angela Troni (Hrsg.)

Ihr lieben Deutschen!

Mit Texten von: Wladimir Kaminer, Roger Boyes,
Stefan Ulrich, Hatice Akyün, Rafik Schami
und vielen anderen

Ullstein

Besuchen Sie uns im Internet:
www.ullstein-taschenbuch.de

Umwelthinweis:
Dieses Buch wurde auf chlor- und säurefreiem Papier gedruckt.

Originalausgabe im Ullstein Taschenbuch
1. Auflage Oktober 2008

Umschlaggestaltung: HildenDesign, München
Titelabbildung: © Phase4Photography/shutterstock
Satz: Pinkuin Satz und Datentechnik, Berlin
Gesetzt aus der Excelsior
Druck und Bindearbeiten: CPI – Ebner & Spiegel, Ulm
Printed in Germany
ISBN 978-3-548-26965-8

Inhalt

Vorwort

Wären die Deutschen tatsächlich so pünktlich, zielstrebig, sicherheitsbedürftig, nörgelig, dickköpfig, umständlich, ehrgeizig, detailversessen, unflexibel, knauserig, obrigkeitshörig, umweltbewusst, arrogant, besserwisserisch, emotionslos, unhöflich, stur, fleißig, pflichtbewusst, ordentlich, korrekt, sauber, penibel, humorlos und diszipliniert wie ihr Ruf – es wäre nicht zum Aushalten.

Doch zum Glück ist es anders. Auch das Volk der »Dichter und Denker« hat viele seltsame Eigenheiten und ist oft nicht so einfach zu kategorisieren, wie es auf den ersten Blick scheint.

Dass dabei eine Menge Fragen aufkommen, ist nur natürlich:

Leiden die Deutschen, dieses arme Volk, das weder etwas Anständiges zu essen noch sauberes Trinkwasser in den Leitungen hat, tatsächlich am Ballaballa-Syndrom?, wie Luigi Brogna vermutet.

Wieso halten sie sich für die besten und routiniertesten Autofahrer der Welt, und warum tragen sie ihren Klassenkampf auf der Autobahn aus? Gefällt es den notorischen Frühaufstehern in ihrem eigenen Land etwa nicht, oder warum führen die Deutschen Jahr für Jahr die Hitliste der am weitesten gereisten Völker der Erde an?, wundert sich Maxim Gorski.

Kann es sein, dass auf dieser gottverdammten Welt nur deutsche Männer auf die Idee kommen, beim ersten Date getrennt zu zahlen?, fragt sich die verzweifelte Hatice Akyün, deren feuriges anatolisches Herz vom deutschen Hans mit seiner Vorliebe für Knauserigkeit regelmäßig schockgefrostet wird.

Joseph von Westphalen kann beim besten Willen nicht nachvollziehen, wieso die Deutschen regelmäßig so viel Geld für unnötige Gegenstände ausgeben, statt die Summe in ihre private Altersvorsorge zu investieren oder zentnerweise Nudeln mit dem Haltbarkeitsdatum 2050 zu bunkern, um später ein sorgenfreies Rentnerleben führen zu können.

Antonella Romeo macht sich Sorgen um die deutschen Weihnachtsbäume, die in Holz- oder Eisenprothesen stecken und viel zu spärlich geschmückt werden, und würde nur zu gern wissen, was das mit der sprichwörtlichen »Gemütlichkeit« zu tun hat.

Wie kommt es, fragen sich Dietmar Wischmeyer und Thomas Baumann, dass sich in diesem Land der »Bekloppten und Bescheuerten« lauter selbsternannte Ordnungshüter dazu berufen fühlen, ihre Mitmenschen zur Räson zu rufen, indem sie Kollegen, Freunde und den eigenen Partner ständig korrigieren, Falschparker zurechtweisen und regelmäßig ihre Landsleute verurteilen, weil sie bei Rot über die Ampel laufen, obwohl weit und breit kein Fahrzeug in Sicht ist?

Mark Twain dagegen möchte in Deutschland lieber ohne Freunde auskommen, als sich ihretwegen all diese Mühe zu machen und wie die Einheimischen Adjektive zu deklinieren, bis der gesunde Menschenverstand ganz und gar herausdekliniert ist.

Was macht dieses Land, dessen Bevölkerung immer zu den Besten gehören will, nur so reich?, will Eric T. Hansen wissen. Etwa die Heinzelmännchen? Davon mal abgesehen: Exportieren die Deutschen denn gar keine billigen T-Shirts oder Plastikspielzeuge, die sofort nach dem Kauf auseinanderfallen? Welche Auswirkungen hat diese einseitige Produktion auf die deutsche Wirtschaft? Und worin ist Deutschland überhaupt konkurrenzfähig?

Nicht zuletzt stellt João Ubaldo Ribeiro Mutmaßungen über die sonderbare Beziehung der Teutonen zu Geld an und kann sich nicht erklären, wieso sie immer nervös werden, sobald es ans Bezahlen geht.

Sie alle müssen es wissen, denn sie haben ihre ganz eigenen Erfahrungen mit den Deutschen und deren Tugenden gemacht. Schonungslos ehrlich, ohne ein Blatt vor den Mund zu nehmen, mit einer gehörigen Portion (Selbst-)Ironie, Humor und dennoch liebevoll nehmen in diesem Buch ausländische sowie deutsche Autoren die lieben Deutschen und ihre Eigenarten aufs Korn.

Was dabei herauskommt? Ein ganz und gar ungewöhnliches Sittenbild, das die Deutschen endlich einmal so zeigt, wie sie wirklich sind: nämlich ganz anders.

Viel Spaß bei der Lektüre wünscht
Angela Troni

Maxim Gorski

Freie Fahrt für freie Bürger: eine deutsche Schicksalsgemeinschaft

Bevor Sie dieses Buch lesen, sollten Sie sich besser anschnallen. Erstens ist das beim Autofahren in Deutschland sowieso zwingend vorgeschrieben; zweitens wird Ihnen wahrscheinlich schon bei der Lektüre Hören und Sehen vergehen. Gleichwohl rate ich Ihnen dringend, sich gründlich theoretisch vorzubereiten und seelisch zu stärken, bevor Sie sich selbst in den Verkehr auf Deutschlands Straßen stürzen.

Jetzt werden Sie wahrscheinlich Protest einlegen. Was, so werden Sie sagen, kann grauenhafter sein als der Verkehr in Russland? Was könnte gefährlicher und unsicherer sein als der Zustand unserer Straßen und Fahrzeuge, von den oft alkoholisierten und gemeingefährlichen aggressiven Lenkern einmal ganz abgesehen? Wo sonst mangelt es der Verkehrspolizei so sehr an Lust oder an Mut, wenigstens die schlimmsten Sünder aus dem Verkehr zu ziehen? Gibt es noch ein zweites Land, wo nackter Darwinismus an die Stelle der Straßenverkehrsordnung getreten ist? Mir, so werden Sie sagen, mir wollen Sie Angst einjagen, der ich im täglichen Überlebenskampf auf den schlaglochzerfressenen Straßen von Moskau oder St. Petersburg gestählt bin?

Gemach, gemach. Sie haben schon recht: An Brutalität ist der russische Autofahrer, der seine tiefsten anarchischen Instinkte hinter dem Steuer auslebt, nicht so leicht zu übertreffen. Außerdem haben Sie schon auf der Fahrt vom Flughafen einen ersten positiven Eindruck von den deutschen Verhältnissen gewonnen: Die Straßen sind sauberer und glatter als die Parkettböden im Kreml, die Autos scheinen allesamt gerade vom Band gerollt und in erstklassigem technischem Zustand zu sein, und die Fahrer halten sich mit geradezu irritierender Korrektheit an die Vorschriften und Regeln. Was kann da schon groß geschehen?

Allerdings, und nun kommen wir der Sache schon näher, werden Sie auf der Fahrt in die Stadt auch einen Blick auf den Tachometer riskiert und dabei bemerkt haben, dass Ihr Fahrer mit dem unerhörten Tempo von 160 Kilometern in der Stunde unterwegs war – mithin eine Geschwindigkeit, die Sie bislang nur mit dem sowjetischen Kosmosprogramm in Verbindung gebracht haben dürften. Erstmals in Ihrem Leben ist Ihnen bewusst geworden, dass die Geschwindigkeitsangaben auf dem Tacho mehr sind als angeberischer Zierrat. Mit solchem Tempo fuhr nicht einmal Gorbatschow in seinem SIL in den Kreml, weil nämlich die Frostschäden im Asphalt selbst vor der Bonzenspur keinen Respekt hatten. Also, vielleicht sollten Sie doch weiterlesen.

Was Sie zunächst wissen müssen, ist die Tatsache, dass der Deutsche aus einem nicht näher bekannten Grund sich für den besten und routiniertesten Autofahrer auf den Highways dieser Welt hält. Dass sich solch ein Selbstverständnis nicht von heute auf morgen entwickeln kann, ist klar; dennoch wird es Sie überraschen, wie weit zurück in die Geschichte die Wurzeln der deutschen Automobilerotik reichen. Es war im Jahre 1907, als ein deutscher Kommentator schrieb: »Wenn auch im leichtlebigen Frankreich der Automobilismus viel schneller emporgeblüht ist als in dem immerhin vorsichtigen Deutschland, so ist dennoch das Automobil, der Automobilismus eine gute deutsche Sache.«

Das sind beide – die Sache und die Ideologie – bis heute geblieben. Für den Deutschen ist sein Wagen nicht einfach ein Gebrauchsgegenstand, er empfindet tief, fast möchte man sagen zärtlich für das Automobil. Er pflegt es, er putzt es, er fährt es regelmäßig zur Vorsorgeuntersuchung, TÜV genannt, und wenn er einen Kratzer im Blech entdeckt, dann reagiert er wie ein Orientale, dessen Frau von einem Fremden belästigt wird. Für seinen fahrbaren Untersatz bringt er sogar finanzielle Opfer: Auf eine Benzinpreiserhöhung reagiert er damit, dass er sich das Essen vom Munde abspart. All das sollten Sie wissen, ungeachtet dessen, ob Sie sich in Deutschland selbst ans Steuer setzen wollen: Wenn Ihnen Freunde Ihr Auto vorführen, dann halten Sie nicht mit Lob hinter dem Berg. Man wird es Ihnen danken.

Der Deutsche und sein Auto, das ist eine Romanze, mehr noch: eine Schicksalsgemeinschaft, die nur der Tod scheidet, was oft genug der Fall ist. Dem Auto ordnet der deutsche Mensch sich unter, vom Auto lässt er sich regieren: Ein Wochenmagazin ging sogar einmal so weit zu schreiben, dass die eigentliche Bundesregierung eine große Koalition aus BMW-Fahrern und ADAC-Mitgliedern sei. Was ein BMW ist, das wissen Sie mittlerweile, da diese Marke nun auch schon in der russischen Provinz verkauft wird.

Das Kürzel ADAC kennen Sie vermutlich nicht. Es steht eigentlich schlicht für Allgemeiner Deutscher Automobil-Club. Aber wenn Sie nun glauben, dass sich dahinter ein Verein von Motorsport-Enthusiasten verbirgt oder eine Selbsthilfegruppe von Autofahrern, die – wie Sie es von zu Hause und von früher gewohnt sind – am Wochenende Ersatzteile und Tipps zur Reparatur austauschen, dann liegen Sie gründlich daneben. Der ADAC ist die wahrscheinlich mächtigste Lobby des ganzen Landes, denn er hat mit den Millionen von Mitgliedern die größte überparteiliche Wählergruppe hinter sich. Vor ihm zittern Kabinette und Unternehmen, an ihm scheitern Umweltschützer und Weltverbesserer. Gegen den ADAC und seine publizistischen Verbündeten vom Massenblatt *Bild* lassen sich weder Tempolimits noch Fahrverbote bei Smogalarm, noch irgendeine andere Beschränkung des automobilen Individualverkehrs durchsetzen. Der ADAC hat vermutlich mehr Macht als die KPdSU in ihren späten Jahren, und im heutigen Russland würde er Armee und Geheimdienst in den Schatten stellen und absolut herrschen.

Mit einer solchen Rückendeckung fällt es dem Deutschen leicht, seine Leidenschaft nach Herzenslust auszuleben. Denn für das Auto ist er sogar bereit, wie ein frisch Verliebter jeden Unsinn zu begehen. Es ist dies auch einer der seltenen Fälle, in denen der Deutsche keine logische Begründung für sein Handeln braucht. Wie sonst wäre es zu erklären, dass sich dieses ansonsten so reglementierte und nüchterne Land als praktisch einziger Staat der Welt den Luxus von Schnellstraßen leistet, auf denen jeder mit der Geschwindigkeit fahren darf, die sein Motor hergibt. Diese große Freiheit verdanken die Deutschen übrigens, was barmherzigerweise in Vergessenheit geraten ist, ihrem großen Führer. Adolf Hitler, der nicht nur Schäferhunde, sondern auch Automobile liebte, schaffte als eine seiner ersten Amtshandlungen nach der Machtergreifung 1933 die damals geltenden Geschwindigkeitsbegrenzungen ab.

Seitdem gilt die Maxime »Freie Fahrt für freie Bürger«. Dieser Kampfruf hat noch jede Bundesregierung zum Schweigen gebracht, falls sie jemals über die Einführung von Geschwindigkeitsbegrenzungen auf Autobahnen nachdachte. Die deutsche Autolobby, zu der neben dem ADAC die Titanen des Autobaus in

Wolfsburg, Stuttgart und München gehören, dürfte mehr Einfluss besitzen als die russische und amerikanische Rüstungsindustrie gemeinsam. Am ehesten ist sie wohl mit der *US National Rifle Association* zu vergleichen, die das Recht eines jeden Amerikaners auf seine Schusswaffe verteidigt. Kein Wunder: In der deutschen Automobilindustrie und ihren Zuliefererbetrieben sind Millionen von Menschen beschäftigt; 38 Millionen Fahrzeuge sind in Deutschland zugelassen, und jedes Jahr werden es mehr.

Wohin der Rausch der Geschwindigkeit führt, können Sie am eigenen Leib erfahren, wenn Sie mutig genug sind, einmal selbst auf einer deutschen Autobahn zu fahren. Zaghaft dürfen Sie nicht sein, denn sonst schaffen Sie nicht einmal die Einfahrt auf die rechte Spur, wo die vermeintlich langsamsten Fahrzeuge heranbrettern. Haben Sie sich glücklich eingefädelt, dann ersparen Sie sich den Blick auf den Tacho. Auch wenn Ihre Stirn und Hände schweißnass sind – Sie fahren sowieso zu langsam. Sie bemerken das spätestens dann, wenn Sie der erste Tanklastzug oder Ausflugsbus überholt hat. Sollten Sie bei dieser Gelegenheit einen Blick nach links riskieren, dann sehen Sie in ein Gesicht voller Spott und Fassungslosigkeit. Spott, weil man mit Ihnen offensichtlich eine Memme auf die Straße gelassen hat; Fassungslosigkeit, weil man vom Fahrer eines Wagentyps wie des Ihren mehr erwartet hätte.

Der Wagentyp ist ganz entscheidend. Denn auf Deutschlands Straßen gilt – wie bei uns – das Motto: Autos machen Leute. Um Ihnen das mit einem anschaulichen Beispiel zu verdeutlichen: Lassen Sie Ihren Schiguli oder Moskwitsch lieber daheim. Fahrzeuge dieser Provenienz rangieren im hierarchisch aufgebauten Kastenwesen noch hinter den Parias, also Kleinwagen westlicher Herkunft. Besonders schmerzlich erfuhren dies Ostdeutsche nach der Wende, als die sich erkühnten, mit ihren Zweitakt-Trabants die Autobahnen zu benutzen. Sie wurden gnadenlos gejagt, weil ja – so die einleuchtende Begründung eines Mercedesfahrers – auch Rasenmäher nichts auf der Schnellstraße verloren haben. Inzwischen erfahren Trabbis eine späte Ehrenrettung: Weil sie so niedlich und so ausgefallen sind, hat man ihnen eine Nische im gesamtdeutschen Pantheon zugeteilt.

Die Gleichung ist einfach: Wer ein großes Auto fährt, hat Geld, wer Geld hat, hat Macht, wer Macht hat, hat Vorfahrt. Weil aber weder die deutsche Autoindustrie noch die Banken mit kulanten Krediten für den Erwerb eines Kraftfahrzeugs geizen, schleicht sich unversehens ein egalitärer, ja fast anarchischer Zug in diese Klassengesellschaft. Kurz gesagt: Weil niemand sieht, ob der Fünfer-BMW auf Pump gekauft ist, können sich auch Habenichtse einmal im Leben zu Herren auf der Straße aufschwingen.

Jede Klassengesellschaft hat, wem sage ich das, ihren Klassenkampf. In Deutschland wird er auf der Autobahn ausgetragen. Tatsächlich ist es oft so, dass sich ein ausgeglichener deutscher Doktor Jekyll im Handumdrehen in einen – im doppelten Wortsinn – rasenden Mister Hyde verwandelt, sobald er sich hinter das Steuer setzt. Hüten Sie sich also, mit einem eher popeligen Modell die Überholspur zu benutzen. Sie können sicher sein, dass unversehens mit 200 Stundenkilometern ein BWM, Porsche oder Audi Turbo aus dem Horizont hervorschießt, dem Sie den Weg versperren. Er wird Ihnen sehr schnell mit der Lichthupe zeigen, wo Sie hingehören. Denken Sie daran, dass der Klügere nachgibt, und machen Sie den Weg frei. (Streng genommen ist die Lichthupe verboten, der deutsche Rechtsstaat ahndet ihren Einsatz als Nötigung. Stattdessen hat sich die vermeintlich dezentere, in Wirklichkeit aber penetrante Methode durchgesetzt, wonach das auffahrende Auto den linken Blinker betätigt. Auf diese Weise soll wahrscheinlich angedeutet werden, dass der schnellere Wagen bald auf dem Mittelstreifen an Ihnen vorbeiziehen wird, falls Sie sich nicht schleunigst auf die rechte Fahrspur scheren, wo Sie schon von Rechts wegen hingehören.)

Früher oder später wird die freie Fahrt dieses freien Bürgers sowieso ein abruptes Ende finden – entweder weil ihn ein Vordermann partout nicht passieren lassen will, weil er in einen Stau gerät oder weil für das nächste Teilstück der Strecke eine Höchstgeschwindigkeit vorgesehen ist. In Deutschland herrscht nämlich die bizarre Situation, dass die Auseinandersetzung um das Tempolimit eigentlich völlig grundlos alle Züge eines mittelalterlichen Glaubensstreites trägt. Die Kontrahenten benehmen sich, als ob sie im Falle einer Niederlage mit ewiger Verdammnis oder wenigstens mit dem Tod auf dem Scheiterhaufen rechnen müssten. Doch die ganze Aufregung konzentriert sich auf nicht mehr als 1,4 Prozent des deutschen Straßennetzes. Auf allen anderen Strecken gelten nämlich bereits Tempolimits. Mit anderen Worten: Es geht um ein paar hundert Kilometer, die scheibchenweise über die ganze Republik verteilt sind.

Jede große Liebesaffäre trägt auch masochistische Züge, und das Verhältnis der Deutschen zum Auto ist da keine Ausnahme. Denn streng genommen macht Autofahren in Deutschland keinen Spaß mehr. Es ist ein teures Vergnügen, und das Wort von der »Melkkuh Autofahrer« gehört schon lange zum propagandistischen Standardrepertoire des ADAC. Hinzu kommt eine unübertroffene Reglementierungssucht. Der Gesetzgeber versucht, jede irgend mögliche Verkehrssituation vorauszuahnen und diese prophylaktisch in eine Vorschrift zu gießen. Auf diese Weise hat man dem deutschen Autofahrer jegliche Flexibilität und Improvisationskunst aberzogen.

Mittlerweile traut man ihm überhaupt keine Eigeninitiative mehr zu. Als im Zuge der Wiedervereinigung der DDR-spezifische grüne Pfeil übernommen werden sollte, der ein Abbiegen nach rechts auch bei roter Ampel ermöglicht, protestierte ein bayerischer CSU-Politiker: Hier werde dem Autofahrer eine Entscheidung abverlangt, die ihn wahrscheinlich überfordern werde. Wer weiß, vielleicht kannte der Herr aus Bayern seine Landsleute recht gut.

So richtig aber genießt der Deutsche den süßen Schmerz des Liebeskummers erst im Stau. Sicher, solche Verkehrsengpässe gibt es auch anderswo. Inzwischen hat sogar Moskau, wo es früher höchstens Fußgängerstaus vor dem Lebensmittelladen gab, in dieser Hinsicht aufgeholt. Aber nirgendwo ist der Stau so philosophisch überhöht worden wie zwischen Ostsee und Alpenrand. Eigentlich ist es ein Fall weniger für den Verkehrsexperten als für den Psychiater. Denn es scheint, als ob die Deutschen es genössen, in einen Stau zu geraten. Vielleicht empfinden sie ihn als fröhlich auferlegte Selbstkasteiung, als Buße für die lustvoll-sündige freie Fahrt.

Wie sonst wäre es zu erklären, dass Millionen von Menschen an jedem schönen Wochenende, vor jedem Ferienbeginn wie auf Kommando die kleinen und großen Städte verlassen, nur um draußen auf dem Land am gemeinsamen Stauerlebnis teilzuhaben. Kehrt ein Deutscher von einer langen Autofahrt heim, dann wird er stolz die überwundenen Engpässe und Baustellen aufzählen, wie ein Kriegsveteran die siegreich bestandenen Schlachten: Kasseler Kreuz und Irschenberg, der Ruhrschnellweg und die A 9 nördlich von Nürnberg.

Von Jahr zu Jahr länger werden die Blechwürmer, in die sich immer zahlreicher Fahrer aus den deutschen

Nachbarstaaten auf ihrer Reise zum Ferienort einreihen. Der Ausbau der Autobahnen von vier über sechs auf acht Spuren hat nur insofern etwas geändert, als dass dadurch die Staus breiter wurden. Mit kaum verhohlener morbider Lust hat ein Verkehrsexperte einmal das Innenleben eines Staus beschrieben: »Stoßstange an Stoßstange stehen etwa 240 Fahrzeuge je Kilometer im Stau. Angenommen, in jedem Auto sitzen drei Leute, dann wären auf einer Länge von 50 Kilometern 36 000 Menschen betroffen, die vielleicht über Tage hinweg versorgt werden müssten.« Ohne es zu wissen, hat der brave Mann ein Exposé für einen Katastrophenfilm aus deutscher Produktion erstellt.

Sie sehen schon: Eigentlich gehört ein Stau zu den deutschen Sehenswürdigkeiten, die man sich nicht entgehen lassen sollte. Da ich jedoch annehme, dass es Ihnen völlig reicht, einen Stau im Fernsehen zu betrachten, sollten Sie ein paar Verhaltensmaßregeln beherzigen.

Planen Sie Ihre Ausflüge antizyklisch. Das ist einfacher, als es sich anhört. Sie müssen dazu nur wissen, dass die Mehrzahl der Deutschen an Wochenenden und vor Feiertagen von einem triebhaften Zwang befallen wird, das Weite zu suchen. Das Phänomen, der Fachmann spricht hier vom sogenannten Gedrängefaktor, ist aus der Tierwelt bekannt, wo es unter anderem Lemminge dazu treibt, kopflos in alle Richtungen davonzustürmen, notfalls sogar in den Tod.

Überlassen Sie die Lemminge getrost ihrem Schicksal, und bleiben Sie stattdessen zu Hause. Die großen Städte werden Ihnen fast allein gehören: keine Schlangen vor den Kassen der Sehenswürdigkeiten, kein Gedränge in Museen und Galerien, freie Plätze in Eisdielen und Restaurants. Wenn Sie sich dann genüsslich einen zweiten Espresso bestellen, müssen Sie nur kurz an die Abertausende draußen auf der Landstraße denken, die sich schrittweise ihrem Ziel nähern, und Ihr Glücksgefühl ist vollkommen.

Diese Momente reinen Glücks werden an solchen Tagen durch einen weiteren Umstand gesteigert: Es gibt auch wenig Radfahrer, jene moderne Geißel deutscher Innenstädte, Nemesis argloser Fußgänger. Jetzt werden Sie vermutlich schon wieder stutzen. Radfahrer sollen gefährlich sein, eine Art Gottesstrafe gar? Nun, Sie denken sicherlich an unsere heimischen Fahrräder. Aus Gusseisen schienen sie zusammengeschweißt, und im Allgemeinen benutzten sie die Kolchosniki auf dem Weg zum Kuhstall. Die einzige Gefahr drohte hier dem Fahrer selbst, wenn er nämlich auf dem Feldweg stürzte und unter dem knapp tonnenschweren Gefährt begraben wurde.

In Deutschland hingegen ist Radfahren eine brisante Mischung aus versuchtem Totschlag, Lust am Suizid und einer inbrünstig ausgelebten Weltanschauung. Zunächst einmal haben die auf deutschen Straßen und Gehwegen (!) verkehrenden hochgerüsteten Fahrräder mit ihren Titanrahmen, genoppten Breitwandreifen und ausgereiften Gangschaltungen nichts mehr mit den armen sowjetisch-russischen Drahteseln gemein. Was den Geschwindigkeitsrausch betrifft, so scheinen viele deutsche Pedalritter ihr Rad mit einer Harley-Davidson zu verwechseln – womit sie eben sich selbst und Fußgänger in Gefahr bringen.

Ganz wesentlich ist indes das weltanschauliche Element. Weil Sie außer ein paar Tropfen Öl für die Kette keine Rohstoffe verbrauchen, halten sich nämlich viele Radfahrer schlicht für bessere Menschen. Ähnlich wie die Fortbewegung mit dem Auto ist auch das Radfahren in Deutschland mehr als ein banales Mittel, um sich von Punkt A nach Punkt B zu bewegen. Ein kompliziertes ideologisches Denksystem wird auf Sattel und Lenker errichtet. Wie die meisten Werke deutscher

Philosophen lässt sich auch diese Weltanschauung auf einen einfachen Punkt bringen: Wer Auto fährt, der billigt auch Tschernobyl, französische Atomtests und die Rodung des Regenwaldes; Radfahrer sind die kleinen Helden unserer Zeit, die Retter und Bewahrer unseres Planeten, Greenpeace im grauen Alltag gewissermaßen.

Diese Weltanschauung hat insofern einen Fehler, als in ihr kein Platz für Fußgänger ist. Sie drängeln sich in der immer kleiner werdenden Nische zwischen Auto und Rad. Dafür haben die Radfahrer schon ihren eigenen Verband – den ADFC. Richtig, dieser Allgemeine Deutsche Fahrrad-Club hat sich keinen Geringeren als den schon erwähnten ADAC zum Vorbild erkoren. Die Erfahrungen der ersten Jahre zeigen, dass die Radfahrer den Autofahrern erfolgreich nacheifern.

Aber kehren wir zurück zum empfohlenen antizyklischen Verhalten. Sie sollten sich für einen Ausflug ins Grüne einen normalen Werktag aussuchen. Ob Sie sich für Wanderungen in der Mark Brandenburg oder in der Lüneburger Heide entscheiden, für Bergtouren im Elbsandsteingebirge oder im Alpenvorland – Sie werden die Schönheiten Deutschlands für sich allein haben. Jedenfalls mehr oder weniger, denn immer mehr Menschen in Deutschland haben nämlich immer öfter auch unter der Woche Freizeit, die bei schönem Wetter draußen in der Natur verbracht wird.

Einer der Gründe dafür trägt den schönen Namen Gleitzeit. Das bedeutet, dass sich viele Arbeiter und Angestellte ihre Arbeitszeit selber aussuchen können: Wer früh am Arbeitsplatz erscheint, kann früher Feierabend machen; wer spät kommt, muss länger arbeiten. Kurz nachdem man diese Errungenschaft eingeführt hatte, musste allerdings die Notbremse gezogen werden. Viele Deutsche (und dies ohnehin eine Nation notorischer Frühaufsteher) wären nämlich am liebsten schon nachts um drei zum Dienst angetreten, um bereits im Verlauf des Vormittags nach Hause gehen zu können. Zu ihrem großen Leidwesen drang diese Vorstellung nicht durch; die meisten Betriebe öffnen nicht vor sieben Uhr ihre Tore.

Aber wir wollten ja nicht über die Arbeit, sondern über die Freizeit sprechen. Soziologen, Psychologen und Verhaltensforscher haben sich vergebens den Kopf darüber zerbrochen, warum es die Deutschen nicht am heimischen Herd hält. Dass sie frische Luft tanken und sich in Gottes freier Natur die Beine vertreten wollen, kann es nicht mehr allein sein, da die Anreise zum Ausflugsziel – siehe Stau – ohnehin die meiste Zeit in Anspruch nimmt. Im Bergwald angekommen, legt die Mehrzahl gerade ein paar Schritte bis in die nächste Waldwirtschaft zurück, wo sie sich zu Kaffee und Kuchen niederlässt.

Es sind die kümmerlichen Reste eines Wandertriebes, der die Deutschen seit den Zeiten der Völkerwanderung begleitet hat. Im Mittelalter wanderten Handwerksburschen durch die Lande, und noch vor einigen Jahrzehnten hatten die planvollen Streifzüge durch Wald und Flur als Wandervogelbewegung sogar politische Bedeutung.

Heute erinnern noch Ausstattung und Kleidung der Wanderer an jene graue Vorzeit, als man mit Gott und der Natur allein durch Wälder und über Höhen streifte: zünftige Kniebundhosen, rote Strümpfe, am Fuß den zwiegenähten Haferlschuh und in der Rechten den derben Wanderstock. Wer auf sich hält, hat Letzteren mit blechernen Emblemen vollgenagelt – sogenannten Stocknägeln, die als Erinnerung an bestimmte Touren erworben werden. Was dem sowjetischen Kriegsveteranen seine Auszeichnungen an der breiten Heldenbrust, das sind dem deutschen Wandersmann seine Stocknägel.

Gewandert wird heute, wie könnte es anders sein, mit dem eigenen Fahrzeug, wofür es sogar den Fachbegriff des Autowanderns gibt. Der Naturpark Bayerischer Wald etwa ist von Parkplätzen regelrecht umzingelt. Samstags und sonntags können Sie hier das Spektakel erleben, wie chromblitzende Karossen unter deutschen Tannen geparkt, Kofferräume geöffnet werden und leitende Angestellte aus Passau oder München sich als Wandersmänner maskieren. Vorbei sind die Zeiten, da Eichendorffs Taugenichts aufs Geratewohl in die weite Welt hinauszog. Heute wird auf sorgfältig mit Symbolen markierten und mit Zeitangaben versehenen Rundwegen gewandert, die stets wieder zum Auto zurückführen. Verirren kann sich hier niemand mehr, die Eltern von Hänsel und Gretel müssten sich heute etwas anderes einfallen lassen, um ihre Kinder loszuwerden.

Wenn Sie daheim in Russland gewandert sind, dann müssen Sie sich umstellen. Selbst in der entlegensten Bergregion ist die Natur derart gezähmt, dass Sie sich wie auf einer Trekkingtour durch den Gorkij-Park vorkommen werden: An jeder Weggabelung eine Wurstbude und auf der Lichtung ein Restaurant. Sogar die hochgelegenen Almen in den Bayerischen Alpen, wo es dem Volksmund zufolge keine Sünde gab, sind bequem im Automobil zu erreichen: Nur 108 von 1377 Almen sind noch nicht an das Verkehrsnetz angeschlossen.

Ein Picknick oder gar ein Lagerfeuer sollten Sie stets auf den eigens dafür ausgewiesenen Plätzen in Angriff nehmen, und auch sonst verhält sich der deutsche Mensch im Wald ordentlich: Das Sammeln von Pilzen, Blumen oder auch nur Holz ist mancherorts unter strenge Strafe gestellt. Hier lautet die eherne deutsche Mahnung: »Wenn das alle täten« – dann nämlich wäre der Wald einer ausgestorbenen Fußgängerzone noch ähnlicher, als er es streckenweise ohnehin schon ist.

Wenn es der Mangel an Natur und Abenteuer ist, der die Deutschen in Massen ins Ausland treibt, dann machen sie dort allerdings genauso wenig Gebrauch davon. Außer Frage steht, dass sie sich zu einem reiselustigen Volk entwickelt haben: Kein Strand, kein Dschungel und kein Gebirgstal sind vor ihnen mehr sicher. Mit 62,4 Millionen Auslandsreisen lagen die Deutschen Mitte der neunziger Jahre weltweit an erster Stelle.

Wie ihr amerikanisches Vorbild haben sie es sich angewöhnt, in der Fremde möglichst die Heimat zu suchen, nur mit besserem Wetter. Am liebsten würden sie natürlich ihren ganzen Hausrat mitnehmen, um nicht irgendwo in der Fremde unliebsame Überraschungen zu erleben. Ich glaube, wenn Sie das Gepäck deutscher Urlauber kontrollierten, dann fänden Sie in fünf von zehn Koffern ein Bügeleisen und in neun Gepäckstücken einen weltweit einsetzbaren Stromadapter, mit dem diverse andere unverzichtbare Elektrogeräte in Afrika oder in der Karibik angeschlossen werden können.

Mittlerweile machen auch wir Russen uns an den Urlaubsplätzen der Welt bemerkbar, und deshalb sollte ich Ihnen vielleicht ein paar Tipps geben, woran Sie die Deutschen im Ausland erkennen. Das ist gar nicht so schwierig, selbst wenn man die Tatsache in Rechnung stellt, dass der deutsche Tourist in mannigfacher Ausprägung jenseits der eigenen Grenzen auftritt.

Noch immer gibt es den klassischen Bildungstouristen, der auf Reisen etwas dazulernen will. Wenn er in die Toskana reist, dann nicht wegen der leiblichen Genüsse, sondern wegen der dreiwöchigen Fahrt mit dem vielversprechenden Titel »Scheunentore der Renaissance«. Er absolviert sein Besichtigungspensum bei Hitze, Sturm oder Schnee mit verbissener Hartnäckigkeit. Wehe dem Veranstalter, der zu viele Ruhe-

und Verschnaufpausen in das Programm eingearbeitet hat. Ein bildungshungriger Deutscher reist schließlich nicht zu seinem Vergnügen.

Wie seine unerreichten Vorbilder – Goethe in Italien, Karl May bei den Pyramiden – hat der Bildungstourist vor der Abreise ein einschlägiges Fachstudium abgeschlossen oder zumindest mehrere Abendkurse belegt. Außerdem hat er drei laufende Regalmeter Sekundärliteratur zum Thema gelesen. Einen knappen Zentner Literatur schleppt er mit sich herum, weil er dem Cicerone jederzeit seine besseren Kenntnisse beweisen will. Denn auch er hält sich an die mit deutscher Bescheidenheit vorgetragene Maxime: Es stimmt nicht, dass Deutsche alles wissen. Sie wissen nur alles besser.

Eine große Gruppe stellen unter den Deutschen die Sport- und Abenteuertouristen. Diese hageren, durchtrainierten Urlauber erkennen Sie daran, dass sie Erholung und Entspannung scheuen wie einen fetten Schweinebraten. Sie rackern sich ab bis zum letzten Meniskus, als gelte es, sich auf einen olympischen Wettbewerb – Wildwasserfahrten im Sommer, Heli-Skiing im Winter – vorzubereiten. Auch wenn diese Urlauber sich für kurze Momente einmal nicht bewegen (etwa nach einem Sturz in eine Gletscherspalte), sind sie unschwer als Deutsche auszumachen: Sie tragen die modernste Sportkleidung und sind mit den besten Sportgeräten ausgerüstet, die der Markt zu bieten hat.

Noch ein Wort zur größten Gruppe, den Sonne-, Strand- und Badereisenden. In den schönsten Monaten des Jahres haben sie die Küsten des Mittelmeeres und umliegender kleinerer Gewässer fest in der Hand. Nur Briten und Holländer führen hie und da noch Rückzugsgefechte um einen Brückenkopf zwischen Würstchenbude und Strandkorb. Als vor einigen Jahren ein Bonner Abgeordneter angeblich im Scherz den

Vorschlag machte, die weitgehend am deutschen Wesen genesene Insel Mallorca solle zum 17. Bundesland werden, da regten sich weder Empörung noch Begeisterung. Der Politiker schien lediglich eine Selbstverständlichkeit angesprochen zu haben.

Vielleicht machen Sie selber an einer dieser südlichen deutschen Küsten Urlaub. Dann werden Sie nicht nur verblüfft feststellen, dass Sie von Tanger bis nach Tunis, in Thessaloniki und in Trabzon mit Ihren Deutschkenntnissen durchkommen, auch bodenständige deutsche Küche können Sie in der Fremde antreffen. Vielleicht erleben Sie sogar jenes Wunder, das sich britische Touristen bis heute nicht erklären können: Wie schaffen es die Deutschen, jeden Tag als Erste am Strand zu sein, auch wenn sie gemeinsam mit den Angelsachsen bis in die frühen Morgenstunden in einer Taverne gezecht haben? Und: Woher nehmen sie die Energie, die von ihnen besetzten Strandstücke unverzüglich mit massiven Strandburgen zu befestigen?

Hatice Akyün

Dating mit Hans

Beim ersten Date mit einem Mann habe ich keinen Sex, sondern verheiße Sex. Das erhöht die Chancen auf ein weiteres Treffen ungemein. Wenn mein Auserwählter den Anschein erweckt, er habe Zukunftspotential, fange ich bereits drei Tage vor dem nächsten Treffen mit den Vorbereitungen an. Es geht los mit Saftfasten und täglichen Bauch-Beine-Po-Kursen, gefolgt von Pediküre, Maniküre sowie Ganzkörper-Haarentwachsen und endet damit, dass ich ein neues Kleid kaufe. Weil ich weiß, dass man mit so einfachen Tricks keinen Mann erobert, fahre ich kurz vor dem Wiedersehen die ganz großen Geschütze auf: Ich bade in Milch und Honig, lasse beim Friseur die Haare hochstecken, bestelle meine Freundin Julia zu mir nach Hause, um überprüfen zu lassen, ob das Kleid nicht einen zu dicken Po macht, und lege meine Juwelen an: die High Heels. Ich liebe es, mich auf Dates vorzubereiten. Manchmal verabrede ich mich nur wegen der Vorbereitungen, obwohl mich der Mann gar nicht interessiert.

Mit einem Date meine ich aber nicht dieses Candle-Light-Dinner-Zeug mit Kaminfeuer, australischem Shiraz und anschließendem Gefummel auf der Ledercouch. Ich meine die Abende, an denen die Luft brennt, an denen einem vor Aufregung übel wird und man viel zu schnell viel zu viel Alkohol trinkt.

In der letzten Zeit ist das leider nicht mehr allzu oft passiert. Was vielleicht daran liegt, dass mein feuriges anatolisches Herz von leidenschaftslosen Mitteleuropäern regelmäßig schockgefrostet wird. Nach den letzten missglückten Dates musste ich mich nicht nur um die Eiseskälte in meinem Herzen kümmern, was bisher mit einer Flasche Prosecco ganz gut in den Griff zu bekommen war, sondern mir auch noch die Standpauke meiner Schwester Fatma aus der Türkei anhören: »Da sitzt du in einem Loft mit Blick über Berlin, schlürfst jeden Morgen Latte macchiato, trägst Gucci Mucci, und dein Herz friert trotzdem!« Während sie auf mich einschimpft, sitzt sie wie gewöhnlich auf ihrem Balkon in Izmir und feilt sich die Nägel.

Dabei habe ich gar nicht mal die höchsten Ansprüche. Ich will nur Leidenschaft, ein paar Komplimente, gar nicht viele, vielleicht eins pro angefangene Stunde. Ich will, dass er sich nach mir verzehrt und nervös auf dem Stuhl hin und her wippt. Und dafür zahle ich auch gern die Hälfte – ach, was rede ich – die ganze Rechnung.

Fatma sagt, dass eine Frau bei den ersten Treffen alles verdiene: Leidenschaft, Komplimente und ein fürstliches Essen. Denn sei man erst einmal verheiratet, lege sich der Enthusiasmus des Mannes schon ganz von allein. Wenn der deutsche Prinz das erste Treffen verpatzt, dann solle ich ihn lieber gleich links liegenlassen.

Mit Ablam kann ich besser über meine Probleme mit deutschen Männern reden. Sie hört sich alles geduldig an, gibt mir den Ratschlag, es mal mit einem Türken zu probieren, und verspricht, dass sie unser Gespräch für sich behält. Nun ist es nicht einfach für eine Türkin, Geheimnisse für sich zu behalten. Ich kenne das sehr gut. Ablam ruft Fatma in der Türkei an, erzählt ihr alles, aber beschwört sie, es in jedem Fall für sich zu behalten. Kurze Zeit später klingelt mein Telefon, und dann folgt eine dieser Situationen, in denen ich Ablam erwürgen könnte und meine Schwester Fatma hasse, weil sie mir wieder einmal zeigt, wie deutsch ich mittlerweile geworden bin. Erst ist Stille in der Leitung, dann muss ich den Hörer mindestens zwanzig Zentimeter vom Ohr weghalten: »Kann es sein, dass auf dieser gottverdammten Welt nur deutsche Männer auf die Idee kommen, beim ersten Date getrennt zu zahlen? Und kann es sein, dass du die einzige Frau bist, die sich das auch noch gefallen lässt? Was habe ich nur für eine Helga zur Schwester?«

Hans und Helga heißen alle Deutschen bei uns Türken. Und es ist klar, dass Hans ein braver »Brötchenholer« ist. Zu seinem ersten Date kommt er gerne auf dem Fahrrad, mit buntem Fahrradhelm und Hosenschutz. Mit seinem eierförmigen Helm, dem eingezogenen Kopf und den strampelnden Beinen sieht er ein wenig aus wie eine Kröte auf Wanderung. Die hochgebundene Hose, die käsigen Beine und die Druckstelle, die der Helm auf der Stirn hinterlassen hat, zerstören jegliche Lust auf ihn, und man bekommt unweigerlich panische Angst davor, Hans ganz ohne Hose sehen zu müssen. Wenn der Kellner beim Zahlen fragt, zusammen oder getrennt, dann antwortet Hans höflich und korrekt – und allenfalls mit einem verschämten Seitenblick auf Helga – getrennt.

Niemals darf meine Schwester erfahren, dass ich meistens die Rechnung im Restaurant sogar ganz übernehme, weil mir Getrenntzahlen so unangenehm ist. Die peinliche Situation vor dem Kellner überspiele ich gerne mit dem Spruch: »Ach, gib schon her, heute sitzt ja zufälligerweise die türkische Gastfreundschaft mit am Tisch.«

Fatma hat ja leider recht. Ich verstehe auch nicht, warum deutsche Männer eine Vorliebe für diese Art von Knauserigkeit haben. Ich jedenfalls habe das bei keinem Mann anderer Nationalität je erlebt. Ein Türke würde seine Freunde anpumpen oder sein Auto verkaufen, um die Frau seines Herzens in das beste und teuerste Restaurant einladen zu können, und die Frau würde nicht einmal merken, dass er total abgebrannt ist. Türkische Männer sind perfekt im Selbstmarketing. Immer einen auf dicke Hose machen und ganz selbstverständlich so tun, als hätte man die Taschen voller Geld: »Eine Frau wie du, in diesem Kleid, braucht nie wieder ein Portemonnaie.« Ich muss zugeben, ich mag diese Art von Kompliment, obwohl es sehr machohaft klingt. Einmal trug ich ein Kleid, in dem ich aussah, als sei ich reingeschossen worden, und das Einzige, was mein Hans darauf sagte, war: »Nett siehst du aus.« Daraufhin habe ich ihn an den Schultern gepackt, habe ihn geschüttelt und geschrien: »Gib mir Leidenschaft, verdammt, ich will Leidenschaft!« Er schaute mich nur verwirrt an.

Ich habe bisher nur ein einziges Mal einen deutschen Mann getroffen, der eine türkische Seele hatte. Er hatte blaue Augen, goldgelbes Haar und nur ein winziges Problem. Schon seit vielen Jahren besaß er ein Trikot seines Lieblings-Fußballvereins MSV Duisburg. Es hatte einen Ehrenplatz in seinem Kleiderschrank. Alle acht bis zwölf Wochen nahm er es aus dem Schrank, wusch es im Waschbecken mit Shampoo für extraweiche Haare, hängte es zum Trocknen auf einen Holzbügel, faltete es nach dem Trocknen so, dass das Logo des damaligen Sponsors Sparkasse genau in der Mitte war, und legte es zurück an seinen Platz.

Er liebte dieses Trikot sehr, nur hatte es einen großen Makel. Er hatte es geschenkt bekommen, als er dreizehn war. Damals trug er Kindergröße 156. Mittlerweile einen Meter neunzig groß und 85 Kilo schwer, passte nur noch sein rechter Arm hinein.

Als er mich das erste Mal darum bat, meinte ich zu ihm, er sei pervers. »Bitte«, flehte er mich an. Ich lehnte kategorisch ab. Er fragte mich wieder. Er fragte mich bei allen Heimspielen, so lange, bis ich irgendwann genervt nachgab. Kurz bevor wir uns zu dem Spiel aufmachten, ging ich ins Schlafzimmer, nahm die Rarität aus dem Schrank und zog sie an. Ich sah aus, als würde Pamela Anderson das zu heiß gewaschene T-Shirt von Ally McBeal tragen. Als ich vor ihm stand mit dem Trikot, das über dem Busen so spannte, dass meine Brustwarzen weh taten, und einem MSV-Schal, den ich mir um die Hüften gewickelt hatte, fing er vor Freude an zu weinen. Ich schwöre, Tränen liefen ihm die Wangen herunter. Ich zog es an und stellte mich mit ihm in die Nordkurve. Und er versprach, mich zu heiraten und mir ewig treu zu bleiben.

Deutsche Männer sind schon komisch. Sobald sie Komplimente machen und ihre Liebe schwören sollen, fällt ihnen nichts ein. Aber wenn es um Fußball und Autos geht, entwickeln sie geradezu türkische Leidenschaftlichkeit.

Jetzt muss ich einmal klarstellen, was ich unter einem Kompliment verstehe. »Canım« heißt »meine Seele«. Wenn ein türkischer Mann »hayatım« zu mir sagt, bedeutet das, ich bin nicht nur der Grund, warum er morgens aufsteht, und der letzte Gedanke, den er vor dem Schlafengehen hat, sondern dass sein Leben ohne mich nicht denkbar ist, dass ich sein ganzes Leben bin. Auch »şekerim« höre ich gerne, das bedeutet »meine Süße«, und wenn man bedenkt, welche köstlichen Süßspeisen die türkische Küche hervorgebracht hat, dann kann man den unaussprechlichen Genuss, der in diesem Wort mitschwingt, zumindest einigermaßen ermessen.

Vorsicht auch mit Koseworten: Eine Türkin darf man niemals Hase, Maus oder Bärchen nennen. Das gibt Ärger. Hase heißt auf Türkisch »tavşan« und sagt als Kosename indirekt aus, dass die Angebetete Hasenzähne hat. Mäuschen sind für Türken in der Regel klein und hässlich, und Bärchen bedeutet, dass die Liebste nicht nur dick, sondern genauso behaart ist wie ein Bär. Gerade in puncto Maus können sich die Deutschen ruhig ein Beispiel an den Türken nehmen. Eine Nation, die zu Jungen »kleiner Mann« sagt, Mädchen aber nur mit »Mäuschen« liebkost, hat noch lange nicht begriffen, wer die eigentliche Power im Land hat.

Ein Wort, das die Deutschen auch leicht verwechseln könnten, ist »tekmelemek«. Es bedeutet nicht etwa Techtelmechtel, sondern jemandem so lange Tritte zu verpassen, bis er blutend auf dem Boden liegt. Genau das passiert, wenn ein Mann einer türkischen Frau den falschen Kosenamen gibt.

»Wenn du Leidenschaft willst, warum suchst du dir dann eine Kartoffel aus? Willst du einen echten Mann oder einen, der morgens die Brötchen holt?«, fragte mich meine türkische Freundin Hülya. Natürlich will ich einen Mann und keinen Brötchenholer. Hülya hat gut reden. Schließlich hat sie selbst hart daran gearbeitet, dass aus ihrer Kartoffel ein echter Mann wird. Während ihres ersten Dates mit ihm zog sie unter dem Tisch des Restaurants mit zwei Handgriffen unauffällig ihr Höschen aus, drückte es ihm noch vor dem Dessert zärtlich in die Hand und sagte: »Komm, lass uns gehen.« Der Mann war erst irritiert, grinste dann aber und verschwand mit ihr. Die beiden sind nun ein Paar, und Hülya erzählt stolz, dass sie ihn schon sehr verleidenschaftlicht habe und es bestimmt nicht mehr lange dauern würde, bis er ihr sogar eine Liebeserklärung auf Türkisch machen werde. Ich überlegte kurz, ob ich das mit dem Höschen beim nächsten Date auch versuchen sollte, aber ich verwarf die Idee schnell wieder, als ich zu Hause bei dem Versuch, es unauffällig unterm Tisch auszuziehen, vom Stuhl fiel.

Ich finde es nicht zu viel verlangt, dass ein Mann sein Date an der Haustür in Empfang nimmt, selbst wenn es draußen sehr kalt ist, und sich nicht kurz vorher per Handy mit: »In einer Minute bin ich da. Kommst du runter?« meldet, damit er nicht aus dem Auto steigen muss. Ein türkischer Mann würde nicht nur klingeln und vor der Tür warten, sondern vorher auch noch seine Jacke ausziehen und die obersten drei Knöpfe seines Hemdes aufknöpfen. Er würde sich lässig an sein Auto lehnen und mit einem lasziven Blick jeden Schritt der Frau aufsaugen. Dann würde er sich mit einem Satz vor sie stellen, mit zarten Küsschen links und rechts begrüßen, ihr sagen, dass sie sein Leben sei, galant die Autotür öffnen und natürlich auch wieder schließen. Aber all das könnte er erst nach zwanzig Minuten tun, denn so lange lässt eine türkische Frau üblicherweise auf sich warten – was ihr kein türkischer Mann jemals übelnehmen würde, weil es ganz einfach zu den Regeln des Datens gehört.

Vor einiger Zeit holte mich ein deutscher Mann mit dem Auto von zu Hause ab. Zuerst war ich sehr zuversichtlich, weil er an der Haustür geklingelt und sich nicht über Funk angemeldet hatte. Aber als ich runterkam, sah ich, dass er im Auto saß, und das, obwohl er eine Daunenjacke trug und sein Wagen Sitzheizung hatte. Ich schwöre, ich habe auf dem Zehn-Zentimeter-Absatz meines High Heels kehrtgemacht und bin zurück in meine Wohnung gegangen. Ich konnte nur noch sehen, dass er sehr verwirrt guckte. Von oben rief ich ihn auf dem Handy an und sagte: »Jetzt hör mal gut zu, Meister! Draußen sind es zwei Grad, ich trage einen Rock, der so dünn ist wie Reispapier, auf die Strümpfe habe ich verzichtet, weil die Farbe des Lackes meiner Fußnägel mit der Farbe meines BHs übereinstimmt, meine Schuhe fangen erst zehn Zentimeter über dem Boden an, und du sitzt im Auto und wartest auf mich?« Dann legte ich auf.

Okay, danach habe ich es ein wenig bereut, er war

wirklich sehr süß. Aber ich musste einmal ein Zeichen für jene Frauen setzen, auf die millionenfach in Daunenjacken und beheizten Autos gewartet wird. Und natürlich habe ich es für meine Schwester getan, die, nachdem ich ihr die Geschichte erzählt hatte, sehr stolz auf mich war.

Mein Bruder Mustafa regelt die für ihn lästigen Abholszenarien auf seine Art und Weise: Er hupt so lange, bis die Nachbarn seiner deutschen Freundin die Fenster öffnen und ihm zurufen, er solle sich verpissen. Dann dreht er die türkische Musik noch lauter, die mit einem Höllenlärm aus seinen riesengroßen Boxen dröhnt, steigt aus, zwirbelt an seinen Koteletten herum und ruft zurück: »Ey, hast du Problem, oder was?« Er steigt zurück in seinen BMW und wartet seelenruhig auf seine Freundin.

Die Musik, die übrigens aus fast allen Autos der Türken schallt, hat für Deutsche einen ganz entscheidenden Vorteil: Sie verstehen die Texte nicht. Ich dagegen kann es manchmal gar nicht fassen, dass hartgesottene türkische Männer in ihren Cowboystiefeln, mit Klappmessern in den Hosentaschen, bei diesen hochdramatischen und unglaublich kitschigen Liedern feuchte Augen bekommen. Immer geht es um die Niedertracht zwischen Mann und Frau, wobei meist den Frauen mehr Boshaftigkeit unterstellt wird. Das finde ich ein wenig unfair. In manchen Liedtexten muss Allah die Fragen über sich ergehen lassen, die der Verlassene hat. Mit schmerzverzerrter Stimme will er von ihm wissen, warum er sein Leid billige, schließlich sei er sein Menschenkind, und er möchte wissen, ob Allah ihn nur als Spielzeug für seine anderen Menschenkinder geschaffen hätte. Bis ins Mark getroffen berichten verlassene Liebhaber oder Liebhaberinnen von ihrem Schmerz. Immer blutet das Herz, immer wurden sie wie Dreck behandelt, immer sind es gleich tausend Messer, die sie ins Herz gerammt bekamen, obwohl ihre Liebe doch so rein und einzigartig war. Obwohl sie der besungenen Person die Hölle wünschen, würden sie lieber dort mit ihnen weiterleben, als allein ins Paradies zu gelangen.

Türken geht es immer um Liebe, Tod und Leidenschaft – also um die ganz großen Dinge des Lebens. Hülya erklärt das Phänomen des orientalischen Dramas so: »Der Türke an sich liebt das Leiden. Was für eine deutsche Liebesbeziehung eine gute Mischung aus Nähe und Distanz ist, ist für den Türken einzig und allein Liebe und Schmerz.«

Und sie hat recht: Der Türke will immer töten oder getötet werden, je nach Sachlage. Er muss jedem lautstark seine Befindlichkeiten mitteilen, damit alle Welt erfährt, was ihm widerfahren ist. Hat er Kummer, will er nicht einmal, dass die Angebetete an seinem Grab erscheint, ist er verliebt, brennt er für sie ganze Städte nieder.

Ich finde, man muss ja nicht gleich ein zweites Rom inszenieren für die große Liebe, aber ein bisschen mehr als die gemeinhin verbreitete deutsche Liebeserklärung darf es schon sein. »Ich glaub, ich mag dich« ist oftmals der Beginn einer deutschen Liebesbeziehung. Mit »Ich hab dich lieb« geht es meistens weiter, und die Krönung aller deutschen Liebeserklärungen ist: »Mit dir will ich alt werden.« Na, danke! Blond soll er sein, mein Liebhaber, feurige Blicke soll er werfen, aus blauen Augen und mit brodelndem Blut in seinen Adern. Nachdem ich mich zuletzt verliebt hatte, schrieb ich meinem Angebeteten eine seitenlange E-Mail, die mit dem Satz endete: »Ich brenne und brenne, und du bist so schwer anzuzünden.« Seine Antwort war ebenso prompt wie phantasielos: »Wir können ja mal zusammen einen trinken gehen.«

Leider kann ich niemanden um Rat fragen, wie ich an einen Mann meiner Vorstellung komme. Die einen verstehen mein Problem nicht, denn sie sind längst in festen Händen. Und die anderen, die selbst noch keinen haben, was soll ich von denen schon lernen? Wüsste der Glatzkopf eine Medizin, er würde sie sich selbst auf den Kopf reiben.

Bis ich ihn gefunden habe, wähle ich regelmäßig die Nummer meiner Schwester in der Türkei und höre mir die Tipps an, die ihrer Meinung nach auf jeden Fall funktionieren: »Telefoniere niemals einem Mann nach«, befiehlt sie mir. »Lass immer du dich anrufen. Gehe niemals zu einem Date, sondern sag ihm, er soll dich abholen, und versprich mir jetzt und hier ein für alle Mal, dass du nie wieder zahlen wirst!« Ich verspreche es und kreuze die Finger.

Wladimir Kaminer

Rhabarber

Nach der Lektüre der rechtlichen Vorschriften des Bundeskleingartengesetzes (BKleinG), der Baumschutzverordnung (BsV), des Kreislaufwirtschaftsgesetzes (KwG) sowie des Abfall- und Biotoilettengesetzes (BioAb) wurde mir klar, dass wir innerhalb von nur zwei Monaten gegen so ziemlich alle Paragraphen der in Deutschland bestehenden Gartenordnungen verstoßen hatten. Zu unseren Verbrechen gehörten unter anderem Ruhestörung, verbotenes Anpflanzen von Hecken zwischen den Parzellen und die vorsätzliche Anschaffung nicht zulässiger Pflanzen. Es gab kaum ein Verbot, das wir nicht übertreten hatten, außer vielleicht das zur Haltung von Großvieh in Kleingartenanlagen. Wir wären einem derartigen Vieh gegenüber allerdings nicht abgeneigt. Ich hätte sehr gern eine Kuh zu uns in den Garten gestellt, wenn man sie bei Obi günstig kaufen könnte. Die Kuh würde das Unkraut fressen und den Rasen misten. Die Kinder hätten mit ihr den ganzen Tag zu tun, und statt wie verrückt mit den Fahrrädern durch die Gartenkolonie zu rasen und Regenwürmer zu quälen, könnten sie zum Beispiel melken lernen. Selbstverständlich sollte es eine Kuh sein, die Winterschlaf hält, wie Bären es tun. Dazu könnte sie in unserer Laube von Oktober bis März das Doppelbett benutzen, das uns Frau Pflaume vererbt hat. Und im Frühling gäbe es dann wieder hauseigene Milch. Ich wüsste gerne, ob solche winterfesten Bärenkühe bereits irgendwo gezüchtet werden, und wenn ja, wo man sie bekommen kann. Bisher fand ich jedoch noch nicht die Zeit, mich darum zu kümmern.

Aber auch ohne Kuh hatten wir genug Sorgen. Für den 27. Mai hatte der Vorstand des Vereins eine Prüfungskommission angekündigt, die das Treiben der Gärtner in ihren Grünanlagen auf Rechtmäßigkeit kontrollieren sollte. Die Luft brannte. In den Gärten summte es unruhig, überall sah man Männer, Frauen und Kinder, die mit Besen, Schaufel, Harken, Leitern und Gasbrennern hin und her liefen. Die Arbeitsstimmung kochte hoch und höher. Mein netter fleißiger Nachbar Günther auf Parzelle N 119 lachte mich aus, weil er mich mehrmals mit dem Laptop im Garten sitzen sah: Mitten in der ganzen Aufregung fertigte ich Skizzen für meinen großen Schrebergartenroman an, anstatt beispielsweise den Rhabarber zu ernten.

»Du, Schriftsteller, schreib schnell dein Buch, ehe sie dich hier wieder rausschmeißen«, riet er mir über den Zaun.

Günther gehörte in der Gartenkolonie zu der kleinen Partei der Dissidenten und Gesetzesbrecher, die seit vielen Jahren erbittert gegen den Vorstand kämpften. Ihm ging es dabei um die Erhaltung seiner verbotenen Nadelbäume. Man durfte sie auf seinem Grundstück nicht haben, weil sie keine Früchte brachten, wegen der drohenden Verletzungsgefahr durch spitze Nadeln oder warum auch immer – das wusste niemand so genau. Aber die Nadelbäume waren bei Günther sicher: Solange er lebte, brauchten sie keine Angst zu haben. Die Liebe meines Nachbarn zu seinen Bäumen war nicht nur stärker als die Angst, den Vorstand herauszufordern, sie nahm permanent skurrilere, unnatürlichere, um nicht zu sagen perversere Züge an. Fast täglich machte sich Günther an den Bäumen zu schaffen. Er schnitt sie mit einer speziellen Schere und einem erotisch angeregten Gesichtsausdruck, als hätte er mehr mit den Bäumen vor, als sie nur zu beschneiden. Egal, was er auf seinem Grundstück zu tun hatte, ihn zog es stets zu seinen drei Bäumen. Er führte bei ihnen eine Wurzelbehandlung durch, schüttete Vitamine in die Erde und warf besorgte Blicke in ihre Kronen. Manchmal saß er neben einem der Bäume und strich ihm zärtlich über die Nadeln – auch ein Außenseiter. Mich aber hänselte er.

»Hallo, Schriftsteller!« Günther winkte mir von seinem Grundstück aus zu und lachte. Lustigerweise hieß Günther mit Nachnamen Grass, wie der deutsche Nobelpreisträger, was ihm aber anscheinend gar nicht bewusst war. »Mein Nachbar Günther Grass und seine Nadelbäume«, dieses Kapitel muss noch geschrieben werden, dachte ich.

Die gemeinsame Vorbereitung auf den Besuch der Prüfungskommission ließ die sonst eher solipsistischen Gärtner der Kolonie kontaktfreudiger als sonst werden. Sie blieben immer öfter an einem fremden Zaun stehen, tauschten Erfahrungen aus und gaben einander Ratschläge, wie man die Kommission überlisten und die Prüfung bestehen könne.

»Keine Angst vor Bürokraten!«, rief Günther Grass. »Sie sagen einem sowieso nie etwas ins Gesicht. Zuerst schreiben sie nur einen Brief.«

»Rhabarber bringt Pluspunkte, den Rhabarber müssen Sie ernten«, empfahl mir Frau Beere. Ihr Garten befand sich am anderen Ende der Straße, aber gelegentlich besuchte sie Günther Grass, um mit ihm Widerstandsstrategien durchzugehen. Auch Frau Beere hatte mit einer unerlaubten Zwischenhecke gegen das Gesetz verstoßen. Im Grunde sind alle Gärtner Verbrecher, wenn man sie nur streng genug nach dem Bundesgartengesetz in die Zange nimmt, überlegte ich. Dieser Gedanke beruhigte mich etwas.

Frau Beere erzählte mir, dass es hier früher zwei

Schrebergartenkolonien gegeben habe – »Glückliche Hütten I« und »Glückliche Hütten II«, jede mit einem eigenen Vorstand und einer eigenen Prüfungskommission. Die eine Kolonie befand sich in der DDR und die andere in der BRD. Die Bewohner der »Glücklichen Hütten I« durften damals keine Leitern im Garten besitzen, die höher waren als ein Meter zwanzig, und wegen der Fluchtgefahr durften sie auch nicht zu tief graben. Alle größeren Erdarbeiten waren verdächtig. Dafür versuchten die Bewohner von drüben, aus den »Glücklichen Hütten II«, ihnen aus Mitleid die halbe Apfelernte zukommen zu lassen. Nach dem Fall der Mauer vereinigten sich die beiden Gartenkolonien unter einem einzigen Vorstand, aber die Mauer in den Köpfen ist natürlich geblieben. So gehen die Gärtner aus den »Glücklichen Hütten I« so gut wie nie in dem Vereinscafé der »Glücklichen Hütten II« ein Bier trinken und umgekehrt.

Je mehr neue Kolonisten ich kennenlerne, desto stärker fällt mir auf, dass sie mit wenigen Ausnahmen alle merkwürdige Gurkennamen tragen. Genauer gesagt: Obst- und Gemüsenamen. Das erinnert mich an das alte kommunistische Märchen von der kleinen Zwiebel, die sich gegen die Macht von Kirschen und Zitronen erhob und eine Gartenrevolution anzettelte. Dieses Märchen, das ich als Kind oft und gerne gelesen hatte, wurde nun in den wiedervereinigten »Glücklichen Hütten« Realität.

Herr Kern, mein Nachbar von gegenüber, zeigte mir, wie man den Weg draußen vor dem Zaun von Unkraut befreit. Er lieh mir eine speziell dafür konstruierte Hacke, die in dem Werkzeugarsenal, das wir mit dem Garten übernommen hatten, nicht vorhanden war. Man musste mit diesem Gerät einen ein Meter breiten Streifen Erde vor dem Gartenzaun unkrautfrei bekommen und einen kleinen Todesstreifen anlegen. Eigentlich ein Job von fünf Minuten. Herr Kern verbrachte eine gute Stunde vor seinem Gartentor.

»Den Rest brenne ich morgen mit dem Gasbrenner aus, ich habe da so einen Brenner in der Laube«, murmelte er.

»Was für einen Rest? Ihr Streifen sieht doch wie geleckt aus!« Ich verstand ihn nicht.

Herr Kern wollte die Unkrautwurzeln, die sich möglicherweise noch tief in der Erde versteckt hielten, mit seinem Gasbrenner verkohlen. Sonst könnte es ja passieren, dass sie in einem oder in zwei, drei Jahren wieder hochkamen. Ein Gärtner mit Seele. Er bekämpft nicht nur die sichtbaren, sondern auch die unsichtbaren, quasi gar nicht existierenden Gefahren – für alle Fälle.

Dieser Drang nach absoluter Sicherheit, den ich erst in Deutschland kennengelernt hatte, machte mich sprachlos. Sollte ich auch so handeln? In Russland ist man so etwas nicht gewöhnt. Meine Landsleute ticken anders, sie sind abergläubische Fatalisten, sie glauben an die Macht des Schicksals, sie nehmen es, wie es kommt. Und deswegen explodieren in Russland AKWs, Züge entgleisen, Flugzeuge stürzen ab. Hier dagegen fahren sogar korpulente vierzigjährige Männer wie Herr Kern mit Helm, Brille und Knieschützern Fahrrad. Sollte ich jemals gefragt werden, was aus meiner Sicht typisch deutsch sei, würde ich sagen: Mit einem Gasbrenner unsichtbare Unkrautwurzeln verkohlen, mit Helm Fahrrad fahren und eine Vollkaskoversicherung fürs Leben anstreben, das ist typisch deutsch. Und natürlich Rhabarber essen.

Bevor ich hierherzog, hatte ich keine Ahnung, wie Rhabarber schmeckte, wie er aussah und wozu er gut sein sollte. In der Gartenbeschreibung waren ein paar riesengroße grüne Blätter neben der Biotoilette als

»Rhabarber« deklariert. Ich hatte nicht die geringste Ahnung, was meine Vorgängerin Frau Pflaume mit diesen Blättern anstellte. Vielleicht hatte sie die Blätter als Toilettenpapier oder Verpackungsmaterial benutzt. In Russland gibt es meines Wissens keinen Rhabarber, und wenn doch, dann hat man ihn mit Sicherheit als nicht essbar eingestuft. Diese Blätter raubten uns nur den Platz im Garten, ich traute mich jedoch nicht, sie mit dem Gasbrenner des Nachbarn anzugehen. Günther Grass hatte auch Rhabarber im Garten, genau neben meinem. Er hatte ihn bereits geerntet und wahrscheinlich auch schon gegessen. Gekocht oder vielleicht gebraten? Ihn nach dem Sinn der Pflanze zu fragen, traute ich mich allerdings nicht. Er würde mich bestimmt auslachen. Auf jeden Fall schien Rhabarber hierzulande eine mysteriöse Rolle zu spielen, denn alle hatten diese Blätter in ihrem Garten. »Rhabarber ist gut. Rhabarber bringt Punkte«, hatte Frau Beere gesagt.

Ich ging zu Frau Krause in den Straßenbahngarten. Zwischen uns hatte sich ein warmes, freundschaftliches Verhältnis aufgebaut. Wir verstanden uns gut, ihre Kinder und Hunde trampelten regelmäßig unseren Rasen nieder, und ich konnte sie alles fragen. Frau Krause saß vor ihrer Laube auf einer Bank und rauchte *American Spirit*. Sie war melancholisch gestimmt. Neulich, so erzählte sie mir, hätte sie endlich Einblick in ihre Stasiakte bekommen. Jahrelang hätte sie auf diesen Augenblick gewartet, doch ihre Akte wäre dann die pure Enttäuschung gewesen. Vor allem enttäuschend fand Frau Krause, dass die Akte so kurz war. Alle ihre Freunde und Bekannten aus der DDR-Zeit hatten dickere Akten. Ihre Akte passte dagegen auf zwei DIN-A4-Blätter. Auf dem ersten standen ihr Name und ihre Hausanschrift. Auf dem zweiten berichtete ein Spitzel, der auf Frau Krause angesetzt worden war, dass sie zu doof sei, um eine ernsthafte Gefahr für den Aufbau des

Sozialismus zu sein. Auch eine Anwerbung von Frau Krause durch die Stasi hielt der Spitzel nicht für ratsam. Diese völlig unspektakuläre, geradezu diskreditierende Akte hatte Frau Krause deutlich die Laune verdorben.

Eine solche Szene erlebte ich nicht zum ersten Mal. Das Bemühen der Stasi, für jeden Bürger eine Akte anzulegen, führte dazu, dass das Lesen der eigenen Stasiakte nach der Wende zu einer Art Volkssport wurde, zu einem Wettbewerb, bei dem es in erster Linie darum ging, wer die dickere Akte hatte. Ein DDR-Bürger ohne Akte fühlte sich dagegen aus der Geschichte des eigenen Landes herausgeworfen, so als wäre er gar nicht dabei gewesen. Ich beruhigte meine Nachbarin nach Kräften und erzählte ihr, dass wir in der Sowjetunion auch alle Dissidenten waren, aber höchstens jeder Zehnte eine eigene Akte beim KGB hatte – schon allein wegen der Papierknappheit. Anschließend versuchte ich vorsichtig, unser Gespräch Richtung Rhabarber zu lenken. Ich fing von Weitem an.

»Sag mal, Renate, magst du eigentlich Rhabarber?«

Nicht nur alle Nachbarn, auch Frau Krause fand Rhabarber lecker. Sie kochte die Stiele mit Zucker zu Kompott oder backte Rhabarberkuchen. Ich wusste bereits: Manche Leute aßen die Stängel sogar roh. In jedem Land gab es eine solche Pflanze, die alle Einheimischen lecker fanden, die aber dem Rest der Welt nicht schmeckte. Bei uns in der Sowjetunion war es die Vogelbeere. Es gab sie in Rot und Schwarz. Die schwarze war süß und saftig – eine elitäre Leckerei. Die volkstümlichere, weiter verbreitete Variante war die rote Vogelbeere. Sie war herb, trocken, sauer und schmeckte von jedem Baum anders. Man aß sie frisch, machte daraus Konfitüre oder Likör, aber vor allem benutzte man sie, um den begehrten Vogelbeerenschnaps damit herzustellen. Man machte allerdings auch Kuchen damit und erzählte sich – genauso wie in Deutschland über den Rhabarber –, dass die Vogelbeeren enorm viel Vitamin C sowie andere lebenswichtige Substanzen enthielten, die ihren Verzehr für jeden Russen unverzichtbar mache.

Es war eine Kunst, die Reife der Vogelbeere richtig einzuschätzen. Einerseits sollte sie so lange wie möglich am Baum bleiben, andererseits aber auch nicht zu lange. Ende September zogen alle Familien aus unserem Hochhaus samt den Nachbarn mit Tüten los, um Vogelbeeren zu sammeln. Jeder hatte einen Lieblingsort, wo ihm die Beeren am besten schmeckten. Ich sammelte meine Vogelbeeren immer im Park hinter einem Gebäude des Kurschatow-Instituts für Kernspaltung. Dort schienen mir die Beeren besonders saftig und groß zu sein. Die Einrichtung lag nicht weit von unserem Haus entfernt: sechs Stationen mit dem Bus. Im Hof des Instituts stand ein Denkmal – ein bärtiger Wissenschaftler auf einem Stuhl, der ein gespaltenes Atom in den Händen hielt, dargestellt als Kugel, die in zwei Hälften zerfallen war. In der linken Hand hielt der Wissenschaftler die eine Halbkugel, in der rechten die andere. Etwas verwundert schaute er auf die beiden Hälften, wie ein Kind, das gerade sein Lieblingsspielzeug kaputtgemacht hat und nicht weiß, wie man es wieder zusammensetzt.

Neben dem Institut wuchsen mehrere Vogelbeerbäume, die ich regelmäßig durchkämmte. Anschließend tauschten wir die Vogelbeeren mit den Nachbarn, um den Geschmack zu vergleichen. Wenn einem die eigene Ernte nicht gefiel, konnte man sie noch immer an die Nachbarn verschenken. Eine ähnliche Aktion kam mir in den Sinn, als ich noch überlegte, was ich mit meinem Rhabarber machen sollte. Ich schlug meinen Nachbarn vor zu tauschen: »Ist doch nicht uninteressant herauszubekommen, wie unterschiedlich der Rhabarber auf unseren Grundstücken schmeckt«, meinte ich. Niemand sagte nein, alle wollten wissen, worin sich der Rhabarber unterschied. Unter dem Vorwand, ich würde jedem nur ein Zehntel meiner Ernte geben, war ich innerhalb von zehn Minuten meinen ganzen Rhabarber los. Günther nahm zum Beispiel eine volle Tüte. Nur einen ganz dicken und innen hohlen Stiel behielt ich, um daraus ein Spuckrohr für meinen Sohn zu machen. Ich freute mich über die erste Ernte, die so schnell und unkompliziert verlaufen war. Doch ich freute mich zu früh, denn am nächsten Tag bekam ich von meinen Nachbarn ungefähr das Doppelte an Rhabarber zurück.

Gut, dachte ich, irgendwie gehört Rhabarber zur hiesigen Leitkultur, man kann ihn als ein Teil des Integrationsprogramms betrachten. Ich darf ihn nicht ignorieren, ich muss ihn essen. Meine Frau schälte die Stiele, kochte sie fünf Minuten mit etwas Zucker, und ich bekam einen Topf mit einer grün-schleimigen Masse, die aussah wie … Aber vielleicht ist sie lecker, dachte ich, trank jedoch erst einmal einen Wodka vorweg, zur Desinfektion des Magens. Das Rhabarbermus schmeckte wie Essig mit Zitronensaft – nichts für Gourmets, aber darum ging es mir ja auch nicht. Das zugegeben ziemlich scheußliche Gericht erfüllte mich mit dem Gefühl der Zugehörigkeit. Herr Kern und Frau Beere erschienen mir auf einmal nicht mehr so skurril. Wir alle machten hier gemeinsame Sache, und das Aufessen der Rhabarberbestände gehörte einfach dazu. Einmal musste man es probieren. Auf jeden Fall würde ich das Rhabarberessen als Teil des Einbürgerungstests für die Bundesrepublik empfehlen, um bei der Vergabe der Staatsangehörigkeit den Kandidaten begreiflich zu machen, dass das Leben in Deutschland kein Zuckerschlecken ist. Ein Kilo pro Einbürgerung müsste reichen. Die deutschen Schrebergärten könnten liefern.

Joseph von Westphalen

Spaghetti-Tester al dente

10. August 2000

Liebe Silvana,

ich bin in Deinem Italien, Du in meinem Deutschland, wo Du Deinen Körper in Köln neuerdings in einem Fitnessstudio ertüchtigst, wie ich von meinen inoffiziellen Mitarbeitern hörte. Bist Du schon gut in Form? Hast Du nicht Lust, zusammen mit ein paar anderen taffen und scharfen Frauen meinen alten Freund Osman durch die neuen Bundesländer zu begleiten und sein Leben zu schützen? Osman sieht ein bisschen indisch oder afghanisch aus und möchte in Magdeburg und Halle keinen Ärger haben. Ich weiß nicht, ob er meine Warnungen ernst genommen hat, ob es überhaupt Warnungen waren, ob Warnungen angebracht sind oder nicht. Ich fände es jedenfalls toll, wenn Du als die Frau in die Geschichte eingehen würdest, die beim Schutz eines englischen Germanisten ein Dutzend Neonazis in einem sauberen Notwehrexzess ins Jenseits befördert und damit die rechtsradikalen Umtriebe in Deutschland gestoppt hat. Wie Du weißt, bin ich auch ein bisschen rassistisch in meiner bedingungslosen Verehrung von rassigen Südländerinnen. Ich glaube, es ist wirkungsvoller, wenn die debilen Nacktschädel von extrem undeutsch aussehenden Frauen liquidiert werden. Du kommst zwar nicht aus Palermo, aber immerhin aus Rom, und das ist mir südlich genug.

Mein neues Buch? Ich soll endlich das schreiben, das ich vor Jahren zugesagt habe. Der schmale Honorarvorschuss ist längst ausgegeben, als Motivation winkt also nur noch der Ruhm, aber der ist mir in diesem Fall besonders ungewiss. Man will zwar keine Deutschlandbeschimpfungen mehr lesen und ich will auch keine mehr schreiben, aber ob man deswegen gleich Deutschland ironisch gut finden muss, weiß ich auch nicht. Ich weiß vor allem nicht, ob ich es zeitlich und vor allem kräftemäßig schaffe. Du als Hantelfrau kennst wahrscheinlich die Freuden des Stemmens von Gewichten. Ich habe noch nie Schwierigkeiten gehabt mit dem Stemmen von Büchern. Gerade der Stress des Finishs macht mich schnell. Meine Konstitution ist gut. Entweder werde ich jetzt alt und wackelig, oder Deutschland ist ein Gewicht, das mir nicht liegt. Nicht, weil es zu viele Kilogramm hätte. Alles Deutsche gilt ja als schwer und gewichtig. Das ist es aber nicht. Es ist mehr die Konsistenz. Deutschland ist wie ein schwerer Pudding. Hättest Du Lust, elfmal hintereinander einen Pudding zu stemmen? Es ist natürlich ein Sojamilch-Biopudding ohne künstliche Aromastoffe, aber das macht ihn besonders unhandlich. Künstliche Götterspeisewürfel in bunt leuchtenden Farben wären mir lieber.

Ich habe mir in den letzten Tagen dauernd überlegt, wofür man Deutschland loben kann. Was ist lieb und nett und sympathisch an diesem Land? Ich kann Dir ein Beispiel geben, das Du als Italienerin gut beurteilen kannst. Seit einiger Zeit ist ein Instrument auf dem beliebten Markt der Küchengeräte, ein Ding, das sich »Spaghetti-Tester al dente« nennt. Böse Zungen behaupten natürlich sofort, das sei typisch deutsch: Die Deutschen müssen alles testen und prüfen, sogar die Nudeln. Jedem Nudelgericht einen TÜV-Stempel.

Das ist nicht wahr. Prüfung muss sein, und Prüfung

ist überall. Mit einer Gabel oder einem Kochlöffel in den Topf zu fahren, eine Nudel herauszufischen und zu probieren, ob sie schon so weit ist, ist eine klassische italienische Küchenbewegung. Ob Tagliatelle, Linguine, Farfalle, Penne, Makkaroni, Spaghetti oder wie die anderen tausend verschiedenen Nudelarten alle heißen: Sie sollen nun einmal weder zu hart noch zu weich gekocht auf den Teller kommen.

Im Gegensatz zu Eiern werden Nudeln bekanntlich beim Kochen immer weicher. Die ideale Konsistenz kochender Eier kann man nicht prüfen. Von einem Weichei-Prüfgerät weiß ich nichts. Anzunehmen, dass Heerscharen pensionierter Ingenieure sich damit befassen. Noch aber gibt es nur Eieruhren, aber keine Nudeluhren. Zwar gibt es eine Kochzeitempfehlung auf mancher Nudelpackung, aber der trauen nur Anfänger. Die Nudel sollte per Hand beziehungsweise per individuellem Prüfbiss analysiert werden, ehe man sich entscheidet und den ganzen Haufen ins Abtropfsieb gießt.

Seit der Erfindung der Spaghetti werden diese mit irgendeinem in der Küche herumliegenden Besteck aus dem kochenden Wasser gefischt und geprüft. Oft rutschen die Nudeln von der Gabel ab und gleiten zurück ins brodelnde Wasser zu ihren Artgenossen – als wollten sie sich dem Test antiautoritär entziehen. Eigentlich kein Problem, sondern ein schönes Zeichen dafür, dass auch Teigwaren einen Willen haben. Man fischt mit der Gabel ein zweites oder drittes Mal nach, dann hat man eine gefügige Nudel erwischt. Der Ärger von Köchen und Köchinnen über die Schlüpfrigkeit frecher Nudeln hat sich Jahrzehnte oder Jahrhunderte in Grenzen gehalten.

Erfindungen werden aus Missständen geboren. Irgendeinen erfinderischen Menschen muss das widerspenstige Verhalten der Nudeln geärgert haben. Er sann auf Abhilfe. Dies war die Geburtsstunde des Spaghetti-Testers.

Wären die Deutschen so gründlich und idiotisch wie ihr Ruf, so hätten sie eine Maschine von der Größe einer Fritteuse auf den Markt gebracht, die mit einem komplizierten Mechanismus die Bissfestigkeit der gekochten Nudeln prüft: Auf einem kleinen Display erscheint eine Zahl, die die Konsistenz der Teigware angibt. Dass dieses Volk einem Gerät mehr vertraut als seinem Gaumen – das wäre doch ein Zeichen für jene Obrigkeitshörigkeit, die wir von den umständlichen und dummen Deutschen erwarten. Aber nein, der Spaghetti-Tester ist ein längliches, flaches Metallding von der Größe eines Federhalters. Von Ahnungslosen könnte das Gebilde auch für einen Brieföffner gehalten werden, für einen langstieligen Joghurtrührlöffel oder auch für ein Zahnarztbesteck, mit dem in den Lücken hängengebliebene Rindsgulaschreste oder Watteröllchen aus den Höhlen des aufgerissenen Mundes ins Freie gezerrt werden. Das Ding hält nicht dem allerstrengsten Geschmacksurteil stand, könnte aber durchaus mit dem neuen deutschen Werbewort »formschön« bezeichnet werden. Funktionalistische Kritiker würden die Form vielleicht ein bisschen zu gewollt finden, den Schwung einen Hauch zu verspielt. Die reine Häkelnadelform wäre ehrlicher.

Das Ding ist an sich nicht deutsch. Man kann sich nicht vorstellen, dass es ein Germane, ein Sudetendeutscher oder ein Neonazi benutzt. Wer es mag, könnte sogar von schlichter Eleganz sprechen, wer es lächerlich findet, von einer plattgewalzten Pseudojugendstilfigurette oder einer schicken Brancusi-Skulptur. Das Design könnte französisch oder englisch sein. Italienisch eher nicht. Es ist nicht anzunehmen, dass in der Heimat der Spaghetti ein solches Ding erfunden wurde. Dort fasst die Mamma mit der abgebrühten

Schwielenhand ins heiße Wasser und holt eine Nudel raus wie der Grizzly den Lachs aus der Alaska-Stromschnelle. Vielleicht war der Erfinder ein ehemaliger Sportangler, dem einfiel, dass man Fische mit einem Haken fangen kann.

Egal, wes Nationalität das Hirn war, des Windungen die Idee zu dem »Spaghetti-Tester al dente« entsprang. Das Ding wartet in deutschen Küchenläden auf Käufer. Diese Tatsache erfüllt mich weiß Gott nicht mit Stolz, aber doch mit einer gewissen Zufriedenheit. Sie zeigt, dass im Land des Tiefsinns und der Leitzordner, der Zweckformblöcke und der Betreten-verboten-Tafeln auf den öffentlichen Rasenflächen doch mittlerweile der pure Unsinn endlich sein Recht und seine Nischen gefunden hat.

Der Spaghetti-Tester ist keineswegs ein dumpfes obrigkeitshaftes Prüfgerät, sondern ein Gegenstand von ganz unteutonischer Schlankheit. Er ist nicht bösartig wie ein deutscher Schäferhund. Er ist nicht dumm wie ein Skinhead. Man kann darüber streiten, ob der Spaghetti-Tester edel oder nur möchtegernedel ist. Auf alle Fälle erweitert er die Legion der überflüssigen Dinge um ein weiteres Stück. Das hat etwas Nobles. Der Spaghetti-Tester zeugt nicht nur von der ewigen Italiensehnsucht, die in der deutschen Brust wohnt, sondern auch davon, dass in ebendieser Brust noch Platz ist für einen Leichtsinn, den man sonst nur den französischen Lebenskünstlern zutraut.

Es ist nicht wahr, Silvana, dass mein Mandant so tiefsinnig ist, auch wenn er das immer wieder von sich behauptet. Natürlich kreidet er sich selbst diese Eigenschaft als etwas Negatives an. Er krümmt sich vor Ärger über seinen angeblichen Tiefsinn und vergisst, dass er durchaus in der Lage ist, 60, 70 oder 80 Mark für einen Gegenstand wie einen Spaghetti-Prüfer auszugeben. Kein sparsamer kleinlicher Mensch würde das tun. Nur weltoffene, großzügige, mit dem Luxus lässig umgehende Menschen leisten sich solche Kapriolen.

Im Jahre 2000 wurde den Deutschen klargemacht, dass die Universalversorgung der Rentner der Vergangenheit angehört. In diesem grausamen Schicksalsjahr erwartet man vom braven deutschen Mann ein gewisses Vorsorgedenken, zu dem ihm seine neuen progressiven Politiker raten. Der neue Deutsche aber besitzt die Frivolität, fast 100 Mark für einen unnötigen Gegenstand auszugeben, statt die Summe in die private Altersversorgung zu investieren oder wenigstens zentnerweise Nudeln mit dem Haltbarkeitsdatum 2050 zu bunkern, um später ein sorgenfreies Rentnerleben führen zu können.

Alles erstaunliche und erfreulich undeutsche Tendenzen. Auch der Vorwurf der deutschen Humorlosigkeit und der Mangel an Witz wird durch den Spaghetti-Prüfer eindrucksvoll widerlegt. Denn wenn ein Ding Witz hat, dann der Spaghetti-Prüfer.

Der Witz ist angenehm unauffällig und vielfältig. Er besteht zum einen darin, dass dieser Gegenstand wider Erwarten funktioniert. Von einem teuren und überflüssigen Gegenstand erwarten wir das nicht. Es gibt genug Dinge, die teuer und überflüssig sind und trotzdem nicht funktionieren. Teure Autos und Computer haben bekanntlich ihre Macken, sündhaft teure Kleidungsstücke geben nach zweimaligem Tragen ihren kleinen Geist auf und zerreißen irreparabel.

Taucht man aber den Spaghetti-Tester ins kochende Wasser, so wird mit 99,9prozentiger Wahrscheinlichkeit eine Nudel in einer kleinen Kerbe hängenbleiben. Er ist also nicht sinnlos, sondern unnötig und sinnvoll. Eine Häkelnadel, deren Häkchen man etwas aufbiegt, ein Holzstäbchen, in das man eine kleine Kerbe schneidet, würde auch diesen Zweck erfüllen. Ein xbeliebiger Gegenstand aus einem x-beliebigen Material könnte im Handumdrehen mit einer kleinen Säge, Zange, Schere oder einem Messer in ein Instrument verwandelt werden, mit dem man erfolgreich Spaghetti aus dem Topf fischt. In fünf Minuten ließe sich so ein Ding herstellen. Für fünf Pfennige am Küchengerätestand des Jahrmarkts verkaufen. Das wäre nett. Ein nettes Mitbringsel, wenn man eingeladen ist.

Aber kann man Leuten, die für Hunderte von Mark Delikatessen eingekauft haben, ein 50-Pfennig-Geschenk mitbringen oder gar nur ein selbst zurechtgebogenes Stück Draht? Natürlich könnte man, aber das wäre irgendwie zu rührend, das würde zu bitter an die glücklichen Tage erinnern, als man seine Autoreparaturen und sein Leben improvisierte, Student war und keine Kinder hatte, die kein Interesse am Studieren haben – die sich selbst an schweineteuren Privatuniversitäten in Davos langweilten, falls es die gäbe.

Dies war die zweite geniale Erfinderidee: Wenn etwas schon unwichtig ist, muss es wenigstens teuer sein. Sonst will es keiner haben. Ist mit der Kunst auch so. Nur wenn man sich fragt, ob man nicht verrückt ist, so viel Geld für so viel Unwichtigkeit auszugeben, entsteht Wert. So wurde also eine Edelstahlskulptur gefertigt, der nur noch die Signatur des Designers fehlt, um zum Unikat und Kunstwerk zu werden, und der man ihren Preis ansieht.

Das Ding hat einen netten Nutzwert als Nudelangelhaken. Man probiert es aus – und siehe, es funktioniert. Man spürt das Glücksgefühl, einen Treffer erzielt zu haben. Man wird es ein paarmal benutzen. Man möchte auf das Erfolgserlebnis des Sportanglers nicht verzichten. Die Nudel am Haken. Als alter Psychologisierer überträgt man das Bild sofort: Welches Freundchen, welches Flittchen hielte man nicht gern so – und ließe es zappeln. Als Besitzer eines Spaghetti-Testers wird man sich dabei ertappen, dass man manchmal Spaghetti macht, nur um während der paar Minuten des Kochvorgangs einzelne Nudeln herausfischen und testen zu können. Wenn man zu zweit kocht, kann man dem Partner die Nudel mit dem Al-dente-Tester eleganter hinhalten als mit der Gabel, von der sie spätestens jetzt herabgleiten würde. Beim gemeinsamen Bücken nach dem leblos am Boden liegenden Nudelwurm kann man sich allerdings, wenn man das will, näherkommen. Indem man die am Boden liegende Nudel trotzdem in den Mund nimmt, kann man zeigen, wie man dem Besitzer der Küche vertraut – auf solche subtilen Kommunikationsformen verzichtet man, wenn man einen Spaghetti-Tester benutzt. Er hat etwas Cleanes.

Der größte Vorteil des Spaghetti-Testers besteht darin, dass man über ihn den Kopf schütteln kann. Man schenkt oder besitzt damit Luxus – und zugleich die Kritik daran. Das Ding ist ein Symbol für den Überfluss, das ist sein eigentlicher Wert. Das nette Nudelfischen ist ein kurzes Vergnügen. Stundenlang aber kann man damit zubringen, sich anlässlich eines gastgeschenkten Spaghetti-Testers über den Wahn des Wohlstands zu unterhalten. Man kann ihn übrigens wunderbar weiterverschenken. Sein Nutzwert als Spender kleiner Erfolgserlebnisse verbraucht sich mit der Zeit. Auch wird er sich irgendwann verlieren. Auch ist er trotz seiner »Formschönheit« so unauffällig, dass der normale Schlamper ihn oft nicht findet. Denn der neudeutsche Hobbykoch ist ein eher lässig-schlampiger Typ. Säuberlich ist er immer noch, aber kein altdeutscher Ordnungsfanatiker mehr. Er sucht sein Luxusgerät verzweifelt, denn er hat mit seinem schlechten Luxusgedächtnis ganz vergessen, dass Nudeln ja auch mit der Gabel gefischt werden können. Während er also leicht verzweifelt wie ein Abhängiger nach dem stählernen Glücksbringer sucht, verkochen die Nudeln zu einem Schleimbrei. Wenn das ein paarmal geschehen ist, ist es an der Zeit, sich von seinem Spaghetti-Tester zu trennen und ihn zu verschenken. Die Vorstellung ist amüsant, dass es vielleicht überhaupt nur einen einzigen Spaghetti-Tester gibt, der immer wieder weiterverschenkt wird.

Das Ding ist ein Witz. Und es hat eine gewisse Eleganz, für einen relativ kleinen praktischen Nutzwert relativ viel Geld auszugeben. So ist das nun mal, wenn man im Überfluss lebt. Das ist Luxus. Das ist im Übrigen auch Liebe. Ist man nicht bereit, den Gegenwert von zehn oder hundert Spaghetti-Testern auszugeben, um ein bisschen frisches Glück aus dem Topf zu fischen? Laden fünfzigjährige Herren nicht unentwegt schöne, spaghettitesterschlanke dreißigjährige Frauen auf Reisen nach Madagaskar oder Neuseeland ein, obwohl die Frage vollkommen offen ist, ob sich diese Großzügigkeit erotisch lohnen wird? Man probiert es. Man probiert die Nudeln, man probiert die Liebe. Jetzt auch in Deutschland. Je mehr man dafür ausgibt, desto größer die Hoffnung auf das Glück.

In der Zeit, in der ich Dir nachstellte, Silvana, was hab ich da investiert? War ich deutsch-knauserig oder deutsch-freigebig?

Luigi Brogna

Alltägliche Katastrophen

Als wir mit Mama am zweiten Tag nach unserer Ankunft in Deutschland zum ersten Mal einen Supermarkt betraten, bahnte sich die ultimative Katastrophe an: keine Salsiccia, kein Parmesan, weder Oliven, Pancetta, Mortadella oder Focaccia noch Arancini, Mozzarella, italienische Salami, eingelegte Artischocken oder Tomaten und schon gar kein köstlicher Fisch in allen Variationen, keine Muscheln, Garnelen ... *niente*!

Das alles – und noch viel mehr – gab es hier n-i-c-h-t zu kaufen! Wenn die Kälte, die unfreundlichen Nachbarn, die kahle Wohnung und alles andere noch nicht zum Heulen gewesen waren, spätestens jetzt war das Fass voll! Ich war kurz davor, mich einfach so in eine Ecke zu hocken, in Tränen auszubrechen und erst dann wieder aufzuhören, wenn die Frau an der Kasse nach der Feuerwehr rief, um den überschwemmten Laden leer pumpen zu lassen.

O Gott!, dachte ich nur. Wie sollen wir bloß die nächsten drei Tage in diesem barbarischen Land überleben? Und damit nicht genug: Papa hatte von zwei bis drei Jahren gesprochen.

Mit langen Gesichtern stapften Santina, Filippo und ich im Schlepptau von Mama durch einen Supermarkt, der sich COOP nannte. Erschrocken stellten wir fest, dass wir uns all die liebgewonnenen Gaumenfreuden für eine Weile abschminken konnten. Die meisten der langen, mannshohen Regalreihen waren hier nämlich mit bunten Schachteln und Dosen gefüllt.

In Messina gab es – bis auf wenige Ausnahmen – nur zweierlei Schachteln und Dosen zu kaufen: Waschmittel und giftige Substanzen. Verpackte Lebensmittel galten als sicheres Zeichen dafür, dass der Verkäufer einem entweder minderwertige oder bereits verdorbene Ware anzudrehen gedachte. Bei so jemandem kaufte man nur in absoluten Notsituationen ein – oder wenn er unglücklicherweise zur Familie gehörte. Ein ehrlicher Verkäufer bot seine Lebensmittel offen an und verpackte sie erst, wenn der Kunde sie gesehen, probiert und für gut befunden hatte.

Hier, in diesem deutschen Supermarkt, gab es fast nichts anderes als verpackte Ware: überall Pappschachteln und Blechdosen in den unterschiedlichsten Größen, Farben und Formen. Die meisten waren nur beschriftet, und da sie für uns damit unlesbar waren, suchten wir gezielt nach Packungen mit Fotos oder glaubhaft wirkenden Zeichnungen des möglichen Inhalts. Die meisten Etiketten zeigten jedoch nur gutgenährte, rotwangige Kindergesichter und/oder lächelnde Frauen. Da saßen sie vor ihren großen, gefüllten Tellern und strahlten um die Wette. Das sah zwar meistens ganz gut aus, aber wir konnten uns beim besten Willen nicht vorstellen, dass die abgebildete, uns unbekannte braune Pampe in dem Teller allen Ernstes der Auslöser für derlei Glücksgefühle sein sollte.

Die braune Pampe gab es übrigens auch mit grünen Flecken, mit roten Flecken und – das war vermutlich die Feinschmeckervariante – mit grünen und roten Flecken. Die Frau auf dem Foto sah allerdings auch nicht glücklicher aus als die auf der Packung mit dem fleckenlosen braunen Zeug. War die Gourmetpampe etwa nicht besser? Oder handelte es sich am Ende gar um ein Abführmittel mit verschiedenfarbigen Beimengungen, und die Frau freute sich schon mal auf dessen durchschlagende Wirkung?

Nach einer kurzen, intensiven Tagung des Familienrats entschieden wir, dass es sicherer wäre, nur dann etwas einzukaufen, wenn wir von der Abbildung auf der Verpackung auf den tatsächlichen Inhalt schließen konnten und dieser uns bekannt vorkam. Immerhin könnte das Bild einer fröhlich lachenden Tischgemeinschaft auch eine Feier nach einer gelungenen Massenvernichtung unerwünschter Nagetiere zeigen und damit für Rattengift werben.

So liefen wir eine Weile ziellos durch die Regalreihen und landeten schließlich mit leeren Händen vor einer verglasten Fleischtheke. Andächtig blieben wir davor stehen und rätselten, was wir hier denn nun kaufen sollten. Das Einzige, was uns irgendwie vertraut erschien, war das fein säuberlich zerlegte Fleisch, das, mit Grünzeug dekoriert, in chromblitzenden Schalen lag. Der gutmütig lächelnde, rotwangige Metzger trug eine blütenweiße Schürze und machte nicht gerade den Eindruck, als ob er jemals in seinem Leben auch nur einer Fliege ein Bein ausgerissen hätte.

Ein unübersehbarer Unterschied zu den Metzgereien in Messina, wo nur wenig Fleisch in der Theke lag. Dafür hingen überall an den Wänden des Verkaufsraums ganze Tiere an riesigen Fleischerhaken und bluteten aus. Kälber, Lämmer, Hühner, Enten. Als besondere Dekoration waren die Köpfe der geschlachteten Tiere zwischen dem Fleisch angeordnet oder hingen an einem Haken draußen vor der Tür. Bereits beim Betreten einer Metzgerei sprang einem der süßliche, fast schon metallische Blutgeruch förmlich in die Nase. So intensiv, dass man es beinahe schmecken konnte.

Die italienischen Metzger waren auch längst nicht so adrett gekleidet wie der hier und sahen meist so grobschlächtig aus, wie man sich Metzger im Allgemeinen vorstellt: blutverschmierte, mächtige Unterarme, eine rostrot schimmernde, mit undefinierbaren Geweberesten dekorierte Schürze, meist unrasiert und mit einem gleichgültigen Gesichtsausdruck.

Vor so einem Prachtexemplar hatte ich in Messina immer dann gestanden, wenn mich Papa gelegentlich zum Einkaufen mitgenommen hatte. Da hatte ich mir das eine oder andere Mal schon die Frage gestellt, ob der gute Mann mich gerade als Kunde oder als zu zerlegende Ware ansah. Dabei wieselte sein Blick nervös zwischen den abgezogenen Hasen, mir und der unausgesprochenen Frage, wer mir denn erlaubt hatte, aus der Blechwanne zu steigen und mich wieder anzuziehen.

Hier dagegen wirkte alles so ungemein sauber, und der Metzger lächelte sogar. Was uns die Sache trotzdem nicht leichter machte. Nach langem Hin und Her beschloss Mama, kein Fleisch zu kaufen, und die vielen unbekannten Wurstsorten erst recht nicht. Manche Würste hatten, zumindest unserer Ansicht nach, die bräunlich graue Farbe einer drei Wochen alten Wasserleiche. So verließen wir, mit nichts als einem kleinen Sack Kartoffeln, fast fluchtartig den Laden.

»Dann kaufen wir eben erst heute Abend ein, wenn Papa von der Arbeit kommt, und heute Mittag machen wir uns ein schönes Kartoffelomelett«, beschloss Mama, die angesichts unseres ersten Einkaufserlebnisses auf deutschem Boden zutiefst erschüttert war.

Ganz so einfach, wie Papa es uns geschildert hatte, war unsere Premiere nämlich nicht verlaufen. Papa hatte behauptet, wir müssten den Supermarkt bloß betreten, die gewünschten Waren in einen Einkaufskorb legen, damit zur Kasse gehen und bezahlen.

»In deutschen Supermärkten wird man von Verkäufern ganz selten angesprochen«, hatte er erklärt. »Nur wenn ihr reinkommt, müsst ihr unbedingt grüßen. Die meisten Leute sagen hier morgens, mittags und abends das Gleiche, nämlich ›Cruscott!‹, also sagt ihr das am besten auch immer. Für alles andere braucht ihr mit niemandem zu reden.«

Das hatte wirklich einfach geklungen. Den Gruß mussten wir nicht einmal üben, denn das Armaturenbrett wird im Italienischen ähnlich genannt, und zwar *cruscotto*. Wir mussten also bloß das »o« weglassen. So wünschten wir an jenem Vormittag wohl jedem, der uns über den Weg lief, ein freundliches Armaturenbrett und bekamen auch einige zurück. Aber das sollte unser einziges Erfolgserlebnis für diesen Tag bleiben.

Nach unserem Supermarktbesuch schlichen wir also zurück nach Hause und übten uns in gepflegter Langeweile.

Papa hatte sich bei seiner Ankunft in Deutschland ein kleines, gelbes Wörterbuch gekauft. Das schnappte ich mir nun und begann es durchzulesen. Dabei versuchte ich systematisch vorzugehen: zehn Wörter zehnmal lesen und anschließend zehnmal aus dem Gedächtnis vorsprechen. Dann mussten sie sitzen. Im Grunde funktionierte die Methode ganz gut, das Dumme war nur, dass die nächsten zehn Wörter die letzten wieder auslöschten. Bald legte ich das Buch entnervt zur Seite und las zwischendurch einen Comic.

Kurz vor dem Mittagessen stellte Mama fest, dass sie keine Eier hatte, um das Omelett zu braten. Ich sollte im Wörterbuch nachsehen, wie das auf Deutsch hieß, und dann im COOP welche holen. Also suchte ich eine Weile nach den passenden Wörtern und schrieb meinen ersten selbst zusammengebastelten deutschen Satz auf einen Zettel: »Ik … wolle … abbe … fia … Eie … bitte.«

Ich las mir den Satz zehnmal durch, zog mich an und lief los. Die leichtfertig getroffene Entscheidung, den Zettel nicht einzustecken, führte letztlich dazu, dass ich der freundlichen Verkäuferin im COOP-Markt »Ik abbe fia Eie bitte!« entgegenschrie. Warum die Umstehenden sich bei meinem höflich vorgetragenen Wunsch vor Lachen bogen und auf die Schenkel klopften, war für mich völlig unverständlich.

Mit breitem Grinsen legte eine Verkäuferin vier Eier in eine Papiertüte, drückte sie mir in die Hand und begleitete mich zur Tür. Ich streckte ihr mein Geld entgegen, aber sie lachte nur noch lauter und schob es mir in die Manteltasche zurück. Jetzt verstand ich überhaupt nichts mehr! Warum musste ich meine Einkäufe nicht bezahlen? Und wieso lachten alle so dämlich? Ich sagte die beiden Wörter auf, die ich für diesen Fall auswendig gelernt hatte, »Tange!« und »Cruscott!«, und lief auf dem schnellsten Weg nach Hause.

Sofort erzählte ich Mama, dass der COOP eigentlich ein ganz toller Laden sei, denn dort müsse man nichts bezahlen und die Verkäuferinnen lachten immer nur. Mama war genauso überrascht wie ich und freute sich mit mir.

Unsere Nachbarin Lilla, die unterm Dach wohnte und gerade bei einem Espresso in unserer Küche saß, konnte es dagegen gleich zweimal nicht glauben. »Die Schwaben verschenken nichts!«, behauptete sie in einem unangenehm hohen, kreischenden Tonfall, der mich sehr stark an flüchtendes Geflügel im Allgemeinen und unsere Henne Gianna im Besonderen erinnerte. »Noch nie haben mir diese – wegen übertriebenen Geizes – ausgewiesenen Schotten auch nur einen Pfennig geschenkt. Mit dir hatten sie bestimmt nur Mitleid, weil du so ein niedlicher, kleiner Kerl bist und kein Wort sprechen kannst. Ich dagegen bin eine erwachsene Frau und kann mich dafür, dass ich gerade mal ein Jahr hier lebe, recht gut verständigen. Da habe ich doch eine glänzende Idee!«, rief sie unvermittelt aus und stemmte dabei ihren mächtigen, kurzen Körper aus dem Stuhl. »Am besten wir gehen gleich alle zusammen einkaufen!«

Mama, von Lillas nicht enden wollendem Monolog oder der Stimmlage oder beidem noch sichtlich erschlagen, sagte nur: »Aber …«

»Nichts da!«, kreischte Lilla weiter, »wenn ich schon mal hier bin, dann helfe ich natürlich, wo ich kann. Ist doch klar, oder? Wir sind schließlich Italiener, oder? Wir sind anders als die Deutschen, oder? Wir sind … warmherzig, hilfsbereit, menschlich, gläubig und streben danach zu leben, wie Gott es befiehlt. Durch unsere Adern fließt dickes, warmes Blut, weil wir nichts als Liebe im Herzen haben … einem Herz, das größer ist als wir selbst, größer als ein Auto … als ein Flugz…«

»Ja! Wir gehen!«, unterbrach Mama die Tirade. Wahrscheinlich befürchtete sie, dass Lilla als Nächstes die italienische Flagge in unserer Küche hisste und dazu die Nationalhymne kreischte.

Die seltsamste Einkaufstour unseres Lebens begann ganz harmlos. Mit einer großen schwarzen Ledertasche, die Lilla wie einen magischen Schild vor sich hertrug, sprengte sie die Eingangstür des Supermarktes auf und stürmte hinein. Wir folgten ihr dicht auf den Fersen und betraten zum zweiten – ich sogar zum dritten – Mal an diesem Tag das verwirrende, fremde Territorium.

Kampferprobt bahnte Lilla uns einen Weg durch die Reihen mit den übervollen Regalen. Wenn wir in einem solchen Dschungel überleben wollten, musste sie uns Greenhorns beibringen, was es alles zu beachten gab. Es handelte sich also um eine Art mediterranes Survival-Training. Mit verschwörerischem Gesichtsausdruck zeigte sie uns, in welchen Regalen die durchtriebenen Deutschen die wenigen gerade noch zumutbaren Lebensmittel, etwa Bohnen und Linsen, versteckten. Natürlich in Dosen, erklärte sie uns, denn die armen Menschen könnten hierzulande mit frischen Bohnen nichts anfangen. Das erkenne man daran, dass sie die bedauernswerten Bohnen zusammen mit anderem Grünzeug in mehreren Litern Wasser ertränkten und so lange abkochten, bis sie die zähflüssige Konsistenz von flüssigem Rauputz erreicht hatten.

»Das Gleiche machen sie hier übrigens auch mit Erbsen, Tomaten, Gurken, Paprika … eigentlich mit fast allem«, fuhr Lilla fort. »Von ihren Nudeln möchte ich gar nicht erst reden. Sie nennen die Nudeln hier ›Spatzen‹ oder ›Spätzle‹. Wie diese kleinen, frechen Vögel! Ich schwöre bei Gott, am Anfang habe ich gedacht, diese Barbaren hier kochen die Spatzen so lange, bis sie sich in eine zähe, klebrige Masse verwandeln, und schaben sie anschließend zu kleinen Flocken«, behauptete sie mit verächtlicher Miene.

Mir wurde auf einmal ganz schlecht.

Mama riss entsetzt die Augen auf, verzog das Gesicht und sagte: »Ihhh, jetzt hör aber auf! Das kann unmöglich sein. Man kann doch aus Vögeln keine Nudeln machen. Oder?«

»Nein … die machen ihre Nudeln aus Kartoffeln und Eiern. Fragt mich jetzt aber bitte nicht, was schlimmer ist. Ich sage euch: Diese Spätzle sind eindeutig der missglückte Versuch, aus Tapetenkleister Nudeln herzustellen! Wenn du sie al dente kochen willst, musst du schon Zement dazuschütten!«

Eingeschüchtert schoben wir uns weiter bis zum nächsten Gang, wo Lilla eine Gefriertruhe öffnete, eine rechteckige Schachtel herausholte und uns den wohl seltsamsten Fisch zeigte, den wir je zu Gesicht bekommen hatten. Der deutsche Fisch war genauso rechteckig wie die Schachtel, stäbchenförmig, und seine Haut bestand nicht aus glänzenden Schuppen, sondern aus matten orangefarbenen Krümeln.

»Schaut euch das mal an, was die uns als Fisch verkaufen wollen!«, empörte sich Lilla mit angewidertem Gesichtsausdruck.

»Das soll Fisch sein?«, fragte ich ungläubig. »Aber was haben die denn damit gemacht, und warum?«

»Ja, weiß der Henker, warum diese Deutschen sich das antun. Alles, was sie essen, muss zuerst von irgendeiner Maschine bearbeitet und so lange verändert werden, bis man nicht mehr erkennt, woraus es ursprünglich mal war. Vorher essen sie es nicht. Dieser arme Fisch hier ist maschinell geschnitten, gepresst und anschließend paniert worden. Er sieht nicht mehr aus wie Fisch, er riecht nicht wie Fisch und danach schmecken tut er auch nicht. Wenn du alte Filzpantoffeln auf die gleiche Art zubereitest und lange genug frittierst, bemerkst du garantiert keinen Unterschied. Ihr könnt mir glauben, es gibt hier Leute, die sind tatsächlich der Meinung, dass der Fisch von Natur aus rechteckig und fertig paniert im Meer rumschwimmt. Die kennen es gar nicht anders!«

O Gott!, durchfuhr es mich. Wo waren wir da bloß hingeraten?

Lilla warf den misshandelten Fisch zurück in die Truhe, schnappte Mama an der Hand und zerrte sie weiter in die Obst- und Gemüseabteilung.

»Seht ihr das? Vergesst alles, was ihr aus Sizilien kennt, denn das – gibt es hier nicht! Die Tomaten sehen nur aus wie Tomaten, in Wirklichkeit sind das rote Luftballons, die mit destilliertem holländischem Wasser gefüllt sind. Das Gleiche gilt für die Gurken. Grüne Luftballons! Orangen, Mandarinen und Zitronen. Orangefarbene und gelbe Luftballons. Nur dass sie noch ein bisschen Essig in das Wasser mischen, aber Geschmack braucht ihr nicht zu erwarten!«, zählte sie auf und ergötzte sich an unseren immer länger werdenden Gesichtern.

In der Tat waren die Zitrusfrüchte nicht einmal halb

so groß wie die, die wir kannten, und sie sahen im Vergleich zu denen bei uns in Sizilien eher wie verschrumpelte Mumien aus.

Lilla hatte aber noch nicht genug, denn sie bugsierte uns energisch zur Backwarentheke und erteilte uns eine kurze, praktische Unterweisung in Brotologie.

»Seht ihr die dunklen Brote dort?«, flüsterte sie mit verschwörerischem Blick. »Die werden alle aus Kartoffelmehl gebacken.«

»Was? Die Deutschen machen aus Kartoffeln Mehl? Und daraus Brot? Warum denn nur?«, fragte Mama erstaunt.

»Ja, was weiß denn ich«, antwortete Lilla leicht gereizt. »Die können es eben nicht besser. Siehst du das noch dunklere da? Kartoffelbrot! Das etwas hellere? Kartoffelbrot! Und das, das, das ...« Lilla stach mit dem Zeigefinger mindestens vierzig Löcher in die Luft, um uns zu beweisen, dass eigentlich alle Brote in der Auslage verkleidete Kartoffeln waren.

Uns war die Lust am Einkaufen inzwischen vergangen. Lilla hingegen sah sich nach wie vor am Beginn einer heiligen Aufklärungsmission. Die teutonischen Geschmacksverirrungen stellten ihrer Meinung nach eine ernstzunehmende Gefahr für unsere sizilianische Esskultur dar. Jawohl, Esskultur! Das hat mit purer Nahrungsaufnahme nur wenig zu tun! Allein dieser gewaltige Unterschied machte eine schonungslose Aufklärung sämtlicher Inhaltsstoffe unumgänglich.

Demzufolge experimentierten die legitimen Nachfolger Doktor Frankensteins nicht mit toten Körperteilen, um lebende Monster zu erschaffen. Nein, ihre neue Herausforderung bestand darin, eine Kartoffel so zu verkleiden, bis man sie für Gemüse, Obst, Fisch, Fleisch, Süßwaren, Teigwaren und zur Not auch für ein Erfrischungsgetränk halten konnte. Wir standen alle kurz vor einer Knollophobie.

Irgendwann griff Santina mit Tränen in den Augen nach Mamas Hand und flüsterte ihr leise ins Ohr: »Mama, wenn wir heute Abend in den Zug einsteigen, sind wir dann morgen wieder in Messina und können was Anständiges essen? Was nützt Filippo ein gesundes Auge, wenn wir bis dahin alle tot sind?«

»Nur keine Angst, wir verhungern schon nicht«, antwortete Mama ungeduldig und sagte dann an Lilla gewandt: »Na gut, jetzt wissen wir, was wir alles nicht kaufen dürfen. Könnten wir jetzt vielleicht zu dem kommen, weswegen wir eigentlich hier sind?«

»Aber klar doch«, schmetterte Lilla nun verdächtig fröhlich. Sie zerrte uns weiter durch die Gänge, und siehe da, es gab in diesem barbarischen Supermarkt tatsächlich auch genießbare Dinge zu kaufen. An einer Ecke des Ladens erregten mehrere hohe Türme aus gestapelten Kästen unsere Aufmerksamkeit. Als Filippo neben einem davon stehen blieb, teilte uns Lilla mit, dass wir unser Trinkwasser am besten auch bei COOP kaufen sollten, denn das, was hier aus den Leitungen lief, sei kalkhaltiger als ein Tuffsteingebirge und praktisch ungenießbar. Wenn wir es denn unbedingt trinken wollten, sollten wir es auf jeden Fall vorher abkochen, sonst drohe uns dasselbe Schicksal wie den Deutschen.

»Am Anfang merkt man nicht viel«, dozierte sie weiter. »Es schmeckt eben ein bisschen seltsam, aber wenn es erst mal anfängt, kann man es nicht mehr aufhalten, und richtig schlimm wird es dann im Alter«, flüsterte sie geheimnisvoll. »Die Deutschen verkalken. Das Gehirn verstopft und funktioniert irgendwann nicht mehr richtig. Die Leute reden nur noch Unsinn und wissen am Ende nicht einmal mehr, wie sie heißen. Die anderen sagen dann: ›Der ist ballaballa‹, oder: ›Der ist total verkalkt‹. Damit ist wirklich nicht zu spaßen, kapiert?«

Spätestens jetzt waren wir vollends schockiert!

Alle, mit denen wir bisher über Deutschland gesprochen hatten, waren voll des Lobes gewesen. Doch kaum waren wir hier eingetroffen, erfuhren wir, dass dieses arme Volk weder etwas Anständiges zu essen noch sauberes Trinkwasser in den Leitungen hatte.

In Messina tranken wir nur Leitungswasser. Es war tipptopp und schmeckte hervorragend, allerdings war es so knapp, dass es nur morgens und abends für je eine Stunde aus den Leitungen sickerte. Diese Zeit mussten wir nutzen, um Flaschen, Kanister, Töpfe, Waschbecken und Badewannen zu füllen. Wir durften es nie versäumen, sonst hatten wir den ganzen Tag über keinen Tropfen Wasser im Haus. Im Hochsommer, bei mehr als vierzig Grad im Schatten, war das nicht gerade angenehm.

Dieses Problem gab es hier offenbar nicht, dafür drohte uns aber das Ballaballa-Syndrom. Wie schön! Unsere Stimmung konnte nicht weiter sinken, denn die nächste Marke würde automatisch sintflutartige Heulkrämpfe auslösen.

Am Ende der Horrortour standen wir erneut vor der Fleischtheke und ließen uns von Lillas Redegewandtheit im Umgang mit der deutschen Sprache beeindrucken. Der Metzger sah uns auf der Suche nach unserem Anführer der Reihe nach an.

Lilla übernahm sofort das Kommando. »He!«, kreischte sie unvermittelt.

Der Mann riss die Augen auf und zuckte zusammen.

Nun klopfte Lilla mit dem Fingernagel gegen die Glasscheibe und zeigte auf ein Stück Rindfleisch. Danach zerschnitt ihre rasiermesserscharfe Handkante mehrmals die Luft vor dem Tresen und streckte anschließend vier Finger in Richtung Decke.

Der Metzger hatte offenbar verstanden. Er nahm ein großes Messer und begann das Fleisch in Scheiben zu schneiden. Zwischendurch klopfte unsere Nachbarin erneut gegen die Scheibe und bedeutete ihm, es möglichst dünn zu schneiden. Als er fertig war, sah er Lilla fragend an, die gerade dabei war, die Theke in Mamas Auftrag nach Hühnchen abzusuchen, ohne jedoch welche zu finden.

Lillas Blick bohrte sich in die Augen des freundlich dreinblickenden Metzgers und nagelte ihn auf der Stelle fest. Ohne Übergang winkelte sie die Arme an und begann vor dem Tresen damit auf und ab zu wedeln. Dabei hob sie immer wieder ein Bein und imitierte mit ihrer kreischenden Stimme täuschend echt eine Henne, die gerade ein Ei gelegt hatte.

Der Metzger unterdrückte krampfhaft einen Lachanfall und sah aus, als ob er die drohende Explosion nicht länger verhindern könne. Mama war mindestens so rot wie die Tomatenimitate in der Gemüseabteilung, und wir Kinder brüllten vor Lachen. Die astreine, akzentfreie hochdeutsche Hühnerparodie unserer Begleiterin brachte uns fast dazu, vor Lachen in die Hosen zu machen. Trotz Mamas strafendem Blick.

Eines stand jedenfalls fest: An diesem Tag wurde der Ententanz erfunden. Es sollte zwar noch ganze zehn Jahre dauern, bis diese Form der Massenepilepsie die ganze Welt erfasste, aber wir waren bei der Geburt dabei.

Am Ende ihrer Vorführung versuchte Lilla noch, dem Metzger mit zwei ausgestreckten Fingern der rechten Hand die Augen auszustechen. Der arme Mann zuckte erneut ängstlich zusammen, ging dann in den Nebenraum und kam mit zwei frischen, sorgfältig eingepackten Hühnern zurück. Lilla nahm sie entgegen, wir gingen zur Kasse und verließen den Laden.

Wie wir schnell gemerkt hatten, war unsere merkwürdige Nachbarin nicht besonders gut auf Kinder zu sprechen. Also bemühten wir uns, während wir neben ihr herliefen, unsere Lachanfälle nicht ausufern zu lassen.

Als wir zu Hause wieder allein in unserer Küche saßen, kicherten wir noch immer, und Mama konnte diesmal ungeniert mitlachen. Immerhin hatten wir unsere zweite Einkaufstour dank Lillas überirdischem Sprachtalent erfolgreich überstanden.

Thomas Baumann

Achtung, Deutschland!

Briten

Wie wird Deutschland in ausländischen Reiseführern dargestellt, was empfohlen, wovor gewarnt, was hervorgehoben? Hierzu habe ich mir einige neue Reiseführer angesehen, die ausschließlich Originaltexte enthalten, denn was nützt einem eine präzise Darstellung, die aus »Anders reisen: Oberfranken für Oberfreaks« übersetzt ist?

The Rough Guide to Germany für die englischsprachige Welt leitet seinen dicken, detaillierten Deutschlandführer mit den Worten ein: »Deutschland war lange Zeit das Problemkind Europas« und erzählt, nein, nicht von Weltkriegen, auch nicht von der Teilung. Sondern erstaunlicherweise von der Kleinstaaterei bis 1871, vom Flickenteppich, auf dem Gott und die Welt kreuz und quer rumgelatscht sind.

Als touristisches Hauptcharakteristikum nennt der Verfasser die Romantik, von den Grimms über Schlösser und mittelalterliche Städte: »Wie immer steckt in diesen Klischees ein Körnchen Wahrheit, obwohl sich die meisten auf den Süden beziehen, vor allem Bayern, das als vorwiegend katholisches ländliches Gebiet sich stark unterscheidet vom urbanisierten städtischen Norden, der im neunzehnten Jahrhundert die Einheit des Landes herstellte und in der Folge die Staatsangelegenheiten bestimmte.« Na, wenn das nicht gesessen hat. Tschüs Bayern, pfüati München, bye-bye BMW.

Im Rheinland hingegen, wo es einen »reichhaltigen Fundus an Legenden und Folklore« gebe, seien die Menschen »gekennzeichnet durch eine Lebenslust, wie man sie vom Mittelmeer kennt«. Hingegen habe sich im Osten »in den Kleinstädten und ländlichen Gebieten am stärksten das Deutschland bewahrt, wie man es von vor dem Krieg kennt«. Aha, auch diese Idee muss man sacken lassen: Anderswo seien einfach die ausländischen Einflüsse, die unweigerlich dem verlorenen Krieg folgten, kräftiger gewesen.

Unter den Städten sei Köln diejenige, die »an historischen Monumenten am reichsten« sei. Da kriegen viele das Hüsteln, außer freilich die Kölner, die nicht müde werden, auf ihre erhebliche Zahl an romanischen Kirchen hinzuweisen, trotz des gotischen Doms.

Frankfurt wiederum sehe sich angeblich als »wahre« Hauptstadt des Landes. Wissen das die Frankfurter?

Generell wird in der Hauptreisezeit von Juni bis September vor den »klaustrophobischen Effekten der Massen organisierter Touristengruppen« gewarnt. Man besuche daher Deutschland am besten im späten Frühling oder zum Herbstanfang.

Eigenartig erscheint in diesem Reiseführer der Aufbau nach Bundesländern. Was schon auf Touristikbörsen sinnentleert klingt – »Besuchen Sie Nordrhein-Westfalen!«, da fehlt einfach eine gewisse exotische Grandezza –, offenbart hier erst die volle Sinnlosigkeit unserer Bundesländer. Urlaub in Hessen etwa kann alles heißen, von der Studienreise in den Marburger Ökokitsch über Wellness-Ödnis im Taunus bis zu Null-Sterne-Camping im Frankfurter Hafen.

Zu Recht weist dieser Reiseführer auf die Besonderheit des Verkehrsmittels namens »U-Bahn« hin. »Sie führt oft zu Verwirrungen. In Städten, wo es nur Straßenbahnen gibt, muss man überirdisch und unterirdisch nach seiner Haltestelle suchen.« Und Taxis?

»Fast alle Taxis sind Mercedes«, stellt der Autor erstaunt fest. In einem argentinischen Weblog fand ich übrigens auch die Verblüffung darüber, dass man hier als Fahrschüler ohne besonderen Aufpreis in einem VW-Golf fahren darf. Und in manchen Fahrschulen sogar BMW!

Dann wird noch das Phänomen von Mitfahrzentralen erläutert, »eine institutionalisierte Form des Trampens«, und auf »women-only-agencies«, »Frauenmitfahrzentralen« hingewiesen, und man muss gestehen, dass hier der auswärtige Betrachter mit gutem Grund staunt.

Frustrierend sei allerdings das Wandern, denn: »Die Vielzahl an Bäumen in all den sehenswerten Landschaften bedeutet nicht nur, dass man nur gelegentlich mit einem weiten Ausblick belohnt wird, sondern ist auch schuld daran, dass es selten eine Chance gibt, der Reglementierung durch markierte Wege zu entrinnen.«

In der Abteilung »Unterkunft« erklärt der *Rough Guide* eine »einzigartige deutsche Institution, den Gasthof. Meistens muss man in dem Theke-mit-Restaurant-Raum fragen, ob es Zimmer gibt. Im Restaurant sitzen die einheimischen Gäste, und hier werden die örtlichen Geschäfte abgewickelt, wobei die Fremdenzimmer nur eine Nebenrolle spielen.«

Fremdenzimmer gebe es im alten Westen in den Städten nur seltenst, im Osten dafür umso öfter, da zur Wendezeit mehr Reisende kamen, als Hotelzimmer vorhanden waren. Heute seien Letztere allerdings businessorientiert und demzufolge teuer. Es fällt generell ins Auge, wie nachdrücklich der Autor die Unterschiede zwischen Ost und West hervorhebt, wobei seine Motive – Exotik? Vorurteile? Reine Neugier? – leider im Dunkeln bleiben.

Chinesen

Ein chinesischer Reiseführer mit dem Titel 德国 geriet in meine Hände, weil ein Freund eines Freundes Russe ist, dieser einen Geschäftstermin in China hatte und sein Sekretariat das Sekretariat seines chinesischen Gastgebers bat, doch einen Reiseführer auf Chinesisch für Deutschland zu besorgen, der aber bitte unbedingt von einem Chinesen verfasst sein sollte. Noch heute dürfte wegen dieses Vorgangs ein namenloser chinesischer Geheimdienstler kiloweise Aspirin verzehren, um zu ergründen, was dieser irre Russe im Schilde führt.

Der Reiseführer beginnt ungefähr so: 用場合の水先, und die ersten entzifferbaren Zeichen sind »German« und »diot«. Skepsis erwacht. Auch wenn die Rückseite des Buches eine schwarz-rot-goldene Fahne ziert, könnte das Œuvre ja ein Deutschland-Dissing-Pamphlet sein. Es folgen die Zahlen 962, 1806, 1870, 1871. Alles klar, wir sind bei Geschichte. Und man nimmt das Krönungsdatum von Otto I. als Ursprung Deutschlands. Es folgen 1933, 1945, 1990. Das nenne ich mal kurz und prägnant zusammengefasst.

Das häufigste Foto ist die Siegessäule, die der Autor offenbar als stark symbolhaft empfindet.

Auf den nächsten Seiten folgen aber auch Fotos des Brandenburger Tors, der BMW-Zentrale in München und eine Aufzählung der Gewerkschaften. Aha. Wer weiß, wann ein Buch in China heute als aktuell gilt? Das Oktoberfest darf nicht fehlen. Einige Seiten weiter erläutert man Passangelegenheiten, und es folgt der Löwenanteil des Reiseführers: Erklärungen zum Studium in Deutschland, mit Abbildungen von Universitäten, »Einwohnermeldeamt«, »Zwei studium«, »Promoion«, »Aufenhalszweck«, irgendwo mittendrin ein Konversationsexemplar realster Sorte: »Wie viel koennen Ihre Eltern Ihnen geben? 5000 Yuan pro Monat. Wie viel koenne Ihre Eltern verdienen? Ungefaeher 8000 Yuan pro Monat.« Das heißt, über die Hälfte ihres Gehalts brauchen die Chinesen gar nicht? 500 Euro pro Monat, gar nicht sooo schlimm.

Klar wird: Nein, aus China kommen keine Individualtouristen, sondern neben Wirtschaftsdelegationen allenfalls noch Reisegruppen und eben Studenten. Und was brauchen die noch? »Funk, Mediamarkt, Saturn, Vobis, ProMarkt, Quelle ...« Funk? Daneben ist erneut der Berliner Fernsehturm abgebildet, dann kommt ein Bild eines Hauses in den Bergen, die Aufzählung üblicher Oktanzahlen und, hey, die Nummer des ADAC, na, das ist doch mal vertraut. Ganz wie der »Alexanderoplatx« und die ratzfatz Themensprünge zum Beethoven-Haus nach Bonn, aber eine halbe Seite weiter ist man schon in Frankfurt/M. Neben dem Kölner-Dom-Foto steht »Drogerie«, »Baby« und »Naturprodukt«, und ich wünsche Ihnen, dass Ihnen im Kölner Dom nie ein besorgter Chinese seine Hühneraugen präsentiert.

Kulinarium: Die typische realdeutsche Speisenfolge lautet Kochschinken, Salami, Leberwurst, Bratwurst, Pommes frites, Pitta, Pizza, Spaghetti, Tortellini.

Verständlich auch noch die Auflistung wohnen.de, wohnpool.de, wowohnen.de (sic) mit dem Hinweis »Kostenlos können Anzeigen aufgegeben werden + durchsucht werden, für folgende Städte: G¨ttingen, K¨ln, München + Hotelliste (bundesweit)«, aber was macht hier www.focus.de?

Auf Seite 376 steht dann endlich der ersehnte Geheimtipp: »Tourist-Information« in der Nähe eines Straßenbahnfotos, Mahlzeit. Und nun das Herzstück: das Wörterglossar. Backpapier und Staubsauger-Beutel sind zweifelsfrei keine Touri-Accessoires, gehören doch eher zur Welt von Wohnheim-Insassen. Oder kaufen Sie im Ausland WC-Frische? Chinesen kennen Unterschiede, die uns verschlossen bleiben, etwa die zwischen »Seife«, »Flüssigseife« und »Duftende Seife«. Weiter: Gesichtswasser ... was ist das? Und was ist »der Schammfestiger«? Unter »Glanz Gel« stellt man sich ja noch was vor.

Spezieller wird's bei den Geräten: Haarschneidemaschine, Anrufbeantworter-Drive und Tischuhr. Und was trennt eigentlich Anschlussdose von Steckdose? Und erst Tischsteckdose? Lampe/Spotline und Leuchtstofflampe kennen Sie, klar, oder?

Letzte Chance: Scheidebrett, Sektkelch, Biertulpe. Spaghettiloeffel, Schoepfloeffel, Sparschaeler und ein alter, verloren geglaubter Freund: der Eierschneider. Gibt's da noch keinen engagierten Trashverein, so wie dieses Studentenhäuflein, das das Butterbrot vor dem Aussterben retten will? Weiter geht's: Schwenkglas, Milchtopf, Isolierkanne, vgl.: Isolierflasche.

Finalement: Hosenspanner, Hosentraeger, Schulterpolster, Senkel, Gummilitze.

Bitte verstehen Sie das nicht falsch: Nicht unsere weitgereisten Gäste sollen hier gebrandmarkt werden. Sondern *Sie*, liebe-r Leser-in. Denn sobald Sie die Erbschaft von Onkel Karl-Fred aus Sindelfingen antreten, werden Sie unachtsam all diese wunderbaren Dinge wegwerfen, weil Sie nicht nur ihren Namen nicht kennen, sondern gar nicht wissen, wofür sie in einer wahren Kulturnation gebraucht werden!

Russen

Schon im Vorwort von *Germanija* schäumen unsere russischen Freunde über vor Begeisterung: »Gastfreundlich! Es gibt 220 Parks! Welt-Messezentrum!

40 000 km ausgezeichnete Fahrradwege! Über 10 000 Festivals und Volksfeste!«

Von was für Festivals ist hier die Rede? Für uns natürlich viel zu ungenau. Weiter: Deutsche feiern gern, Weinfeste, Erntefeste, Bierfeste, zur Not tut's auch ein Ritterturnier, um sich die Kante zu geben – »Deutschland ist stets zu Ihren Diensten!«

Für Russen weit oben steht das Thema, wie man sich innerhalb eines Landes fortbewegt. Das Streckennetz der Bundesbahn stößt auf Begeisterung, kein Wunder, wenn man es mit dem russischen vergleicht.

»IC/EC fahren die (für europäische Verhältnisse) fernen Strecken. Die meisten Züge haben keine Schlafkabinen, weil man nach 6 bis 7 Stunden ja schon eine Grenze erreicht. Bahnhöfe in Deutschland – das sind Kulturorte! Dort gibt es alles, was Reisende brauchen, außer Wartesäle.«

Im Unterschied zu Russland gibt es keine Drehkreuze zum Bahnsteig, auch keinen Kontrolleur.

»Achtung: Auch ›langsame‹ Nahverkehrszüge fahren über 100 km/h, und wer mit seinem Nachbarn plaudert, kann leicht seinen Umsteigebahnhof verpassen.«

Ausführlichst wird erklärt, wie kurz Umsteigezeiten sein können, wo wie der nächste Bahnhof angezeigt wird und so weiter. Äußerst angenehm auch der gelbe Aushang mit den Abfahrzeiten der Züge. Beim Fahrscheinkauf am Automaten ein fettgedrucktes »Achtung! Der Automat druckt gleich mehrere Papiere voll, die Überweisungsbestätigung, die eigentliche Fahrkarte und den Reiseplan«, auf Russisch übrigens marschrutnyj list.

Und beim Nahverkehrsfahrkarten-Automaten wieder ein dickes Achtung! Denn mit so einem Fahrschein darf man nicht einfach losfahren. Man muss ihn, wie der Russe sagt, kompostieren, also abstempeln.

Auf einer ganzen Buchseite wird alleine das Vokabular für Bahn-Benutzer ausgebreitet! Von »Arbeitstaglich« über »Erste Klße« bis zu »Snake Point«; Letzteres wird fälschlicherweise mit »Büfett« übersetzt, heißt in Wahrheit aber einfach nur Schlangenpunkt. Hingegen fehlen essentielle Vokabeln wie Reisegepäck, bahn.comfort oder egronet, das Verkehrsnetz bis Böhmen.

Das Thema Nahverkehr wird mit drei markanten Feststellungen eingeläutet. Erstens: In allen Städten gibt es Busse. Zweitens: Jeder Verkehrsverbund hat einen Namen und ein schönes Emblem. Und drittens: Das Verhältnis zwischen Fahrgästen und Transportunternehmen ist »auf Vertrauen gegründet« … Durchatmen, hier kann man sorglos schwarzfahren.

»An jeder einzelnen Haltestelle hängt ein Fahrplan aus. Er wird tadellos eingehalten! Die U-Bahnen und Straßenbahnen sind nach russischen Maßstäben fast immer halbleer. Aber beachten Sie folgende Besonderheiten:

– die Züge fahren nach Fahrplan

– die Türen öffnen sich nur per Knopfdruck

– an einem Bahnsteig können die Züge in verschiedene Richtungen fahren.«

Im kulturellen Sektor bemerken unsere russischen Freunde zu Recht: »Museen haben oft noch nicht einmal Informationen auf Englisch. Kirchen: An ihnen darf der Reisende keineswegs so gleichgültig vorbeigehen wie in Russland!« Und neben Bronzekuppeln, Seemannsgräbern oder Gedenktafeln bestaunt man am meisten, dass sogar moderne Künstler hier ausgestellt werden.

Entwaffnend die Feststellung: »Deutschland ist ein offenes demokratisches Land: Hier kann man Fabriken, Kernkraftwerke und sogar Armeeanlagen besichtigen.«

Typisch russisch das Urteil zum Thema deutsches

Essen, das in drei Zeilen abgehandelt wird: »Kostet 10€, mit Trinken 20€, und lernen Sie ruhig mal Leute beim Krug Bier an der Bar kennen.« Fertig.

Ganz begeistert zeigen sich die Russen von den vielen Toiletten, meist neben dem Rathaus (?), aber selbst in der Straßenbahn (??) und sogar in Kirchen! Spätestens hier tut sich kultureller Konfliktstoff auf, denn Taufbecken bleiben Taufbecken!

Und für die Automieter: »Seien Sie vorsichtig mit der Verkehrspolizei, sie ist strenger als die russische. Versuchen Sie nicht, den Polizisten Geld zu geben, diese Variante funktioniert in Deutschland nicht. Und wenn Sie auf einem privaten Parkplatz stehen, werden Sie kommentarlos abgeschleppt.«

Diverses: Öffnungszeiten der Geschäfte sind streng geregelt. Der Sonntag ist für den gesamten Handel eine »tote Zeit«.

Ebenso entwaffnend real ist der Tipp zum Thema »Wie orientiert man sich in einer fremden Stadt?«: »Suchen Sie auf dem Plan am Bahnhofsvorplatz ›Alter Markt‹ und ›Altes Rathaus‹. An der Fassade ist oft eine Glocke angebracht, und davor sammelt sich eine Gruppe Touristen, um die Melodie anzuhören, die sie spielt.« Aber für alle (Not-)Fälle gibt es auch eine russischsprachige Auskunft – zum teuren 0900-Tarif, versteht sich.

Aber auch sonst gibt es »Unsere«. Womit die drei Millionen Ex-Sowjetbürger gemeint sind, alleine in Berlin 200 000, »die Ihnen jederzeit aus der Patsche helfen, falls Sie kein Deutsch sprechen«.

Shopping: »Gehen Sie in ein beliebiges Kaufhaus, um zu begreifen, wie reich dieses Land ist: Alle nur vorstellbaren Waren füllen nicht nur die Regale, sie überfluten geradezu die ganze Umgebung.« Dieser Reiseführer stammt aus dem Russland des dritten Jahrtausends!

»Auf ihr Sortiment sind die Läden von Wucherpfennig, Intermarchen (sic) und Minimarkt zu Recht stolz.« Und ich gebe es zu, ich habe noch von keinem einzigen in meinem Leben gehört, halt, stopp: Intermarché gibt's, nur eben in Frankreich.

»Es lohnt sich, nicht nur auf die Waren, ihre Anordnung und die Preise zu achten, sondern auch auf den besonderen ›Charme‹, mit dem sie präsentiert werden. Ein teurer Laden läuft aufs Gleiche hinaus, wie wenn man ein Kunstmuseum besucht. Jedoch muss man, auch wenn man nur ein Päckchen Zigaretten kaufen will, einen Korb oder Wagen nehmen.« Dann wird minutiös beschrieben, wie das Wagenpfandsystem funktioniert.

Ganz besonders werden die »gemütlichen Cafés« in den oberen Stockwerken der Kaufhäuser empfohlen. Warum? Nun, man kämpft nicht lange mit dem Lesen der Speisekarte und muss nicht mit einem Kellner sprechen.

Kommen wir zu den Staatssymbolen: »Schwarz steht für die finsteren Jahre der Reaktion, Rot für das Blut patriotischer Freiheitskämpfer, und Gold ist die Sonne der Freiheit. Das Wappen ziert ein Adler, der für die Kraft und Macht dieses Staates steht.«

Flächenvergleich: Deutschland ist so groß wie »Burjatien, der Amur-Bezirk oder die Region Tomsk«. Und die Ostwesterstreckung ist kleiner als die Strecke Moskau-St. Petersburg!

Spanier

Zum Einstieg in den spanischsprachigen Reiseführer *Alemania esencial*, der auch für eine Latino-Leserschaft verfasst ist, findet sich auch hier der Rat, einfach mal bei focus.de ganz allgemein reinzuschauen ... Nur: Dort steht alles auf Deutsch. Und ich will gar nicht wissen, wieso *Focus* Schleichwerbung in ausländischen Reiseführern bezahlt.

Zwar findet sich ein Wörterverzeichnis, aber in Berlin werde »oft spanisch gesprochen, was nicht zuletzt an der Beliebtheit von karibischer Musik und Tango liegt«.

Und ganz allgemein hat man »in Deutschland keine Garantie, dass das Wetter lange gut bleibt. Also einen Schirm mitbringen, denn die billigen, die dort auf der Straße verkauft werden, sind nach dem dritten Schauer schon kaputt. Auch 10° Kälte im Sommer hindert die Deutschen nicht, sich in Biergärten zu setzen. Sie benutzen dazu sogar ›Heizpilze‹. Und nehmen Sie Badebekleidung mit, auch wenn es in Parks oder an den Stränden fast normal ist, sich nackt zu sonnen.«

Zum Thema Verkehrswesen einleitend ein Satz, den man so aus spanischem Mund nie erwarten würde: »Die Züge sind bequem, schnell, teuer und auf Fernstrecken unpünktlich.«

Und Wasser auf die Mühlen des ADFC: »Auf den Straßen gilt als Zugeständnis an die Autoindustrie, die ständig noch potentere Autos baut, keine Geschwindigkeitsbegrenzung. Gewöhnen Sie sich daran, dass deutsche Autofahrer mehr nach hinten als nach vorn schauen und freie Fahrt erwarten, um die Spur zu wechseln. Denn wenn sie überraschend bremsen müssen, werden sie fuchsteufelswild.«

Und auf die Mühlen des ADAC: »Aufpassen muss man auf Fahrradfahrer, die oft plötzlich auftauchen, auch an unerwarteten Stellen. Das Fahrrad ist ein wichtiges Verkehrsmittel, vor allem junge Radler erweisen sich oft als unglaubliche Artisten, was aber manchmal zu einer gewissen Aggressivität zwischen ihnen, Fußgängern und Autofahrern führt.«

Unterbringung: »In Deutschland gibt es kein offizielles System der Hotelklassifikation.«

Das kann man so nicht stehenlassen, denn seit Mitte der 90er kümmert sich der Hotel- und Gaststättenverband darum, aber in der Tat gab es jahrzehntelang Wildwuchs.

Verwirrend die Hinweise zum deutschen Nachtleben: »Dass das Nachtleben aus dem Süden stammt, sieht man an der schlechten Straßenbeleuchtung. Aber: Diskotheken und Kneipen schließen meist um eins.«

Eindeutig die Worte zu unseren Sitten. »Bevor man trinkt, hebt man sein Glas Wein oder Bier und sagt: Prost. Wein hat den Charakter eines Luxusgetränks, viele Leute folgen dem Ritual, daran zu riechen und ihn zu kosten, bevor sie ihn trinken. Die Anti-Raucher-Lobby ist sehr stark. Wer ein Verbot missachtet, sieht sich gewaltbereiten Menschen gegenüber. Ein klarer Anhaltspunkt ist immer die An- oder Abwesenheit eines Aschenbechers.«

Lokale Eigenschaften sieht man aus spanischer Sicht so: »Pünktlichkeit, Genauigkeit, Ordnungsliebe. Zu den weniger positiven Eigenschaften gehört, den Nebenmann zu korrigieren, Falschparker zu bestrafen und Strafzettel zu verteilen, wenn man bei Rot über die Ampel fährt. Regionale Grobheit wie in Sachsen oder Bayern muss man mit Humor nehmen. Die Berliner Schnauze ist als sympathische Ironie zu verstehen. Generell sind Deutsche durchaus hilfsbereit, und man ist längst nicht so fremdenfeindlich wie andernorts. Auch prügelt man sich unter Freunden nicht darum, die Rechnung zu bezahlen, wie es zwischen Latinos normal ist. Zur Begrüßung gibt es selten Küsse. Der normale Gruß ist, sich die Hand zu reichen.«

Im Anhang werden dann noch harte Fakten aufgezählt, die Bundesländer streng nach Ost und West getrennt. Und ein Geschichtsabriss, hervorgehoben: »Das Schuldgefühl, dem Holocaust zugestimmt zu haben, lastet schwer auf dem öffentlichen deutschen Gewissen. Über ein halbes Jahrhundert später werden immer noch Synagogen wiederaufgebaut, Sühne-Denkmäler errichtet, und die Polizei verteidigt jüdische Zentren gegen die Angriffe von Neonazis, deren Gewalt auch vor anderen Zentren von Flüchtlingen und Emigranten nicht haltmacht.«

Und die gesamte Geschichte der DDR ist gerade mal eine Seite wert …

Stefan Ulrich

Deutsche Weicheier im römischen Winter

Außer der Vorstellung, als Auslandskorrespondent einer Zeitung arbeite ich nichts in Rom, beherrscht meine deutschen Verwandten, Freunde und Bekannten noch eine andere fixe Idee: In Italien ist es immer warm. Das mag ja über viele Monate sogar stimmen, doch irgendwann im Herbst, mal früher, mal später, wird es grottenfalsch. Dann sinkt das Thermometer auch in Rom untertags auf 10, 11 Grad, und nachts kann es schon einmal Temperaturen um den Gefrierpunkt geben.

Das ist ja noch gar nichts? In München sind manchmal 25 Grad unter Null? Gewiss. Nur: In Deutschland wird geheizt, wenn es sein muss, sogar im August, damit die Wohnungen angenehme 20, 21 Grad haben. In Rom wird dagegen erst einmal lange nicht geheizt. Das Raumthermometer, das im August noch auf 30 Grad stand, zeigt jetzt auf einmal nur mehr 15 Grad, und das ist verdammt kalt, wenn man den ganzen Tag am Schreibtisch sitzt.

Nie und nirgends habe ich so schön gefroren wie in diesem ersten Spätherbst und Winter in Italien. Während der Blick aus dem Fenster auf immergrüne Bäume geht und sich im Park bereits die Blütenstände der Mimosen gelblich färben, krabbelt mir die Kälte aus dem Steinboden die Beine empor. Nach ein paar Stunden ziehe ich mir sogar eine Wollmütze über. Die Kollegen in München, denen ich mein Leid klage, haben nur Hohn und Spott für mich übrig. »Ich sage nur: Italien – das Land, wo die Zitronen blühen!«, feixt einer von ihnen. »Du kannst froh sein, dass du es so gut hast.«

Allen hartnäckigen Gerüchten zum Trotz existiert auch in Italien das Wetterphänomen des Winters. Die Poebene liegt dann unter einer eisigen Nebeldecke, die Mädchen in Rom tragen Pudelmützen und die Kraftfahrer in Kalabrien holen fluchend die Schneeketten heraus. Wer nun in Rom die Via Piccolomini entlangfährt, der sieht hinter der Kuppel des Petersdoms die weißen Rücken der Abruzzen leuchten. Zugleich faucht die *tramontana* durch die Stadt, ein eisiger Nordwind.

Auf dem Petersplatz aber knipsen sich die Tagestouristen die Finger warm, um Papst Benedikt XVI. noch öfter als an gewöhnlichen Tagen auf ihren Digitalkameras festzuhalten. Denn der Pontifex überrascht mit einem seltsamen Kopfputz, der sich modisch am heiligen Nikolaus orientiert. *Kamauro* heißt diese Mütze aus rotem Samt mit weißem Hermelinbesatz. Einst trugen sie die Barock- und Renaissancepäpste, nun hat sie sich Benedikt übergestülpt. Die Tierschützer toben, und Kirchenkritiker spekulieren, der deutsche Papst wolle so einer rückwärtsgewandten Gesinnung Ausdruck verleihen. Tatsächlich will er sich nur nicht erkälten.

So schützt sich in Rom jeder, so gut er kann, vor dem Erfrieren – doch die gusseisernen Heizkörper in unserem Palazzo bleiben zunächst eiskalt. Die Kinder schlafen unter Bergen von Decken, und ich sitze morgens in einem orangefarbenen Skianorak in meinem Büro. Antonia, die junge Dame aus unserer umweltbewegten Familie, setzt sich zum Zeitunglesen in die Küche, macht die Herdtür auf und schaltet den Backofen ein. »Ach, wenn ich jetzt daran denke, wie in München alle in ihren gemütlich warmen Wohnungen sitzen!«, seufzt sie. »Haben die's gut!«

Nachdem wir uns alle eine saftige Erkältung geholt haben, rufe ich Ercole Cornetti an, unseren betagten Vermieter. Er gibt sich überrascht.

»Natürlich ist es jetzt frisch in den Wohnungen«, sagt er, als verkünde er ein Naturgesetz. »Auch wir sitzen mit Schal und Mantel auf dem Sofa. Aber ich dachte immer, ihr *signori tedeschi* seid Kälte gewohnt.«

Dieses Argument werden wir nun ständig hören, egal ob wir uns beim Hausmeister, der Gemüsefrau oder einem Taxifahrer über die Kälte beklagen.

Nur Francesco, der Friseur, zeigt Mitgefühl mit uns nordischen Weicheiern. Dank der vielen Föhne und Trockenhauben und einer autonomen Heizung ist es in seinem Salon exakt 23,7 Grad warm. Ich gehe so oft wie möglich hinein, angeblich, um mir schon wieder Koteletten und Nackenhaar stutzen zu lassen, tatsächlich jedoch, um mich aufzuwärmen. Ich erzähle Francesco von unserer Kältekammer im Palazzo. Er räumt sofort einen Frisierplatz frei, deutet darauf und sagt in vollem Ernst: »Kein Problem, *carissimo*, mein Liebster, dann arbeitest du eben hier bei uns. Nimm einfach dein Notebook mit, wir haben im ganzen Salon drahtlosen Internetempfang. Bei uns ist stets ein warmes Plätzchen für dich frei.«

Ich bin gerührt und überlege ernsthaft, in den Salon umzuziehen. Letztlich hält mich die Sorge davon ab, die Kollegen in der Zentrale in München könnten mich für einen Exzentriker halten, wenn bei Telefonaten mit mir im Hintergrund stets Friseurgeräusche zu hören sind.

So fahre ich fort, weiter bei Ercole Cornetti auf die mir natürlich erscheinende Lösung zu drängen – das Anwerfen der Zentralheizung im Palazzo. Doch so einfach, wie ich mir das vorstelle, ist es nun auch wieder nicht. In Italien ist alles mit großer Liebe zum Detail geregelt. So bestimmt ein Dekret des Staatspräsidenten aus dem Jahr 1993 für jede Klimazone des Landes genau, von wann bis wann im Jahr wie viele Stunden täglich bis zu welcher Raumtemperatur geheizt werden darf. Die Bewohner der Äolischen Inseln etwa sollen ihre Regler nur vom 1. Dezember bis zum 15. März und auch dann allenfalls für sechs Stunden am Tag aufdrehen, selbst wenn Äolus, der Gott der Winde, den Seesturm noch so eisig um den Stromboli und durch die zugigen Fenster der Inselhäuser brausen lässt.

Im ganzen Land, vom Brenner bis Palermo, gilt übrigens: Bei 20 Grad ist definitiv und unter allen Umständen Schluss. Es sei denn, die Regierung setzt die Raumtemperatur, wie in unserem ersten Winter in Rom geschehen, per Dekret auf 18 Grad herab. Durch all das will Italien Energie sparen, da diese teuer aus dem Ausland importiert werden muss.

Ercole Cornetti meint denn auch eines besonders eisigen Novembertages bedauernd: »Ich würde ja gerne zu heizen beginnen, aber das Gesetz erlaubt es mir nicht. So sind sie nun einmal, unsere Politiker!«

Doch diesmal lasse ich nicht locker. Ich gebe ihm zu verstehen, in ganz Italien und auch hier im Palazzo nehme man die Buchstaben des Gesetzes sonst nicht derart genau. Man arrangiere sich doch. Warum dann nicht auch beim Heizen? Zudem glaube ich mich an eine Tabelle in der Tageszeitung *Corriere della Sera* zu erinnern, wonach Rom zur Heizzone D gehört. Und dort darf ab 1. November geheizt werden.

Ercole Cornetti verschiebt seine Verteidigungslinie. Seine Geschwister und Kinder, also die anderen Eigentümer der Wohnungen im Palazzo, müssten einem Heizbeginn mehrheitlich zustimmen, argumentiert der sonst entscheidungsfreudige Patriarch. Er werde bei »Fili«, wie er den Hausmeister stets nennt, eine Umfrage in Auftrag geben. In der Zwischenzeit sollen wir uns doch bitte wie viele andere »sensible Römer« auch – seine Erziehung verbietet ihm die Wörter Weicheier und Warmduscher – mit rollbaren elektrischen Heizkörpern behelfen. Die gebe es übrigens in jedem Elektromarkt zu kaufen.

Ich beende noch schnell meinen Artikel über die unerträgliche Kälte in Italien – er wird als einziger in diesem ersten Jahr, angeblich aus Versehen, von der Zeitung nie gedruckt. Dann springen Antonia, die Kinder und ich ins Auto, stellen die Heizung auf 28 Grad und rasen zum nächsten Elektrogroßmarkt. Wunderbarerweise gibt es die gesuchten Geräte. Wir kaufen gleich vier davon und stellen sie in den beiden Kinderzimmern, im Wohnzimmer und im Arbeitszimmer auf. Bald breitet sich eine himmlische Wärme um uns herum aus. Wir fühlen uns wie im Urlaub im Süden, in Italien geradezu. Dann gibt es einen kleinen Knall. Mein Computer-Bildschirm erlischt, die Spülmaschine erstirbt, und die Kontrollanzeige am Anrufbeantworter geht aus. Die Stromversorgung unserer Wohnung hat offenbar gegen unsere Heizorgie rebelliert. Ich gehe in den Keller und schalte die Sicherung wieder ein. Fortan müssen wir sehr behutsam vorgehen, wenn wir unsere stromfressenden Wärmegeräte einschalten wollen. Wärme, Licht und Föhnen gleichzeitig – das ist in einer teuren Wohnung im Rom des 21. Jahrhunderts nun wirklich zu viel verlangt.

Immerhin startet Filippo tatsächlich eine Umfrage. Er ist ganz auf unserer Seite der Heizungsfront, da er sich von der ganzen Sache in seiner Einschätzung bestätigt fühlt, seine hochherrschaftlichen Hausherren seien rechte Knauser. »Wir sind ja nur das Hausmeisterehepaar und verdienen einen Hungerlohn«, flüstert er mir im Treppenhaus zu, während wir uns durch Hüpfen auf der Stelle ein wenig Wärme verschaffen. »Aber wir haben uns trotzdem auf eigene Kosten eine elektrische Klimaanlage für unsere Wohnung angeschafft, weil wir nicht immer frieren wollen.«

Jedes Jahr gebe es wegen des Heizens denselben Rabatz im Palazzo. Während die jüngeren Cornettis – vor allem die mit kleinen Kindern – die Zentralheizung rechtzeitig anwerfen wollten, versuchten zwei besonders geizige Söhne Ercoles, den Tag X mit allen Mitteln hinauszuzögern.

Mit einem weißen DIN-A4-Blatt, das ihm Ercole gegeben hat, geht Filippo dann von Wohnung zu Wohnung. Über der ersten Spalte steht in der akkuraten Schrift des *padrone* »Name«, über der zweiten »Heizen nein«, über der dritten »Heizen ja«. Italiener lieben Umfragen. Deswegen machen im Palazzo auch alle mit. Die Erhebung wird für uns zum Triumph. Freudestrahlend wedelt mir Filippo mit dem Blatt vor der Nase herum und stürmt in unsere Wohnung. »Wir haben eine Zweidrittelmehrheit«, frohlockt er.

Kurz darauf stößt Bernadette einen Schrei aus. Sie ist beim Spielen zufällig an den gusseisernen Heizkörper in ihrem Zimmer geraten. »Die Heizung geht, die Heizung geht«, ruft sie und springt in ihrem Zimmer im Kreis herum, als sei der Frühling ausgebrochen.

Endlich wird es warm im Palazzo, allerdings nur morgens von 06.00 Uhr bis 10.00 Uhr und abends von 16.00 Uhr bis 22.00 Uhr. Dann aber wird derart eingeheizt, dass die Raumtemperatur auf 24 Grad ansteigt, denn Thermostate an den Heizkörpern gibt es nicht. Zu den anderen Zeiten sackt die Temperatur bis auf 17 Grad ab. So geht es immer rauf und runter, den ganzen Winter lang.

»Es ist ein Drama«, meint unser Freund Sergio, ein überaus praktisch veranlagter und den Gesetzen der Physik gegenüber aufgeschlossener Mensch. »Durch dieses Auf und Ab verschwenden wir Unmengen an Energie und Geld. Ich habe Großvater Ercole schon tausendmal erklärt, es sei besser und billiger, weniger stark, aber gleichmäßig zu heizen. Doch er will mir nicht glauben.«

Tröstlich ist für uns, dass wir ähnliche Geschichten auch von vielen Freunden und Bekannten außerhalb unseres Palazzos hören. Wer eine neue Wohnung sucht, achtet daher besonders auf ein *riscaldamento autonomo*, eine unabhängige Heizung, die er selbst regeln kann.

Der Heizungstragödie zum Trotz ist der Winter in Rom eine besonders schöne Zeit. Tagsüber scheint oft die Sonne, doch die Luft ist kühl und klar, die Touristen belagern Petersdom und Pantheon nicht ganz so dicht wie sonst, und Stadtverwaltung und Geschäfte beginnen Rom so hübsch für die Weihnachtszeit zu schmücken, dass wir beschließen, über die Feiertage nicht nach Deutschland zu fahren.

Unsere Weihnachtsbräuche dagegen behalten wir auf besonderen Wunsch von Bernadette und Nicholas auch in Italien bei. So gelingt es uns, auf einem Basar der Evangelisch-Lutherischen Kirchengemeinde Rom (ein schmerzhaftes Zugeständnis an meine protestantische Frau – als ob wir hier in Rom keine katholische deutsche Nationalkirche hätten!) einen der überaus begehrten und daher knappen Adventskränze zu ergattern, mit denen in deutschen Kreisen gedealt wird wie mit reinstem Kokain.

Antonia bastelt für die Kinder Adventskalender. Auch kaufen wir schon am zweiten Adventssonntag beim *vivaio* um die Ecke einen Christbaum – denn der Verkäufer hat uns gewarnt, die Fichten seien schnell weg. Wir schmücken ihn mit roten Äpfeln, Lebkuchen und ein paar schlichten, kleinen Holzengeln und stecken die Kerzenhalter auf. Nach einem ausgiebigen Stadtbummel kommen wir auf der langgezogenen Piazza Navona mit dem Bernini-Brunnen an. Hier ist es an den Adventstagen besonders nett, auch wenn der hiesige Christkindlmarkt kaum mit dem in Nürnberg oder Freiburg vergleichbar ist. Dicht umlagern die Römer die Stände, an denen neben hübschen neapolitanischen Krippenfiguren und bunten Christbaumkugeln auch Plastikschwerter, Panzer und Fantasy-Monster für den wehrhaften Nachwuchs verkauft werden. Überall an den Buden hängen grässliche Hexen mit hohen schwarzen Hüten, die auf ihren Besen durch die Luft reiten. Stupst man sie mit dem Finger, dann fangen die raffinierten Modelle an, gackernd zu kichern und an ihrem Faden auf und ab zu wippen. Die erschreckenden Damen symbolisieren *la befana*, eine überwiegend gutartige Mischgestalt aus Hexe, Dämonin und Fee. Sie fliegt in der Nacht auf den 6. Januar, dem Dreikönigstag, in Italien von Haus zu Haus, um den braven Kindern Spielsachen und Süßigkeiten zu bringen – und den bösen Kohlestücke.

Bis es so weit ist, fahren auf der Piazza Navona die braven Kinder auf einem wunderschönen alten Ponykarussell aus Holz, während die *ragazzi* an den Schießständen herumballern, um ihre *fidanzate*, die Freundinnen, zu beeindrucken. Wahrsagerinnen legen ihre Karten aus, und eine alte Frau lässt einen zahmen Wellensittich gegen Geld kleine, zusammengerollte Zettel aus einem Topf fischen, auf denen allerlei Erhellendes über Gesundheit, Charakter und künftiges Liebesleben steht. Für die Taschendiebe ist bereits Bescherung. *Porchetta*-Duft liegt in der Luft. Alle sind fröhlich.

Nur wir suchen vergeblich nach unseren Christbaumkerzen. Wenn wir an den Buden danach fragen, sehen uns die Verkäufer an, als seien wir die Urenkel Neros oder sonstige gefährliche Brandstifter. »Nehmen Sie doch wie wir Römer elektrische Lichterketten«, rät uns einer. »Die sind sicher, leuchten in allen

Farben und können sogar blinken.« Doch wir *tedeschi* können *testardi* – dickköpfig – sein, vor allem wenn es um Traditionen geht, die wir mit Gemütlichkeit verbinden. Also fragen wir weiter und weiter und stoßen schließlich auf einen uralten Maroni-Mann, der sich seit den Zeiten von Romulus und Remus hier in seinem Kohlenbecken die Finger versengt. Lange kramt er in den Furchen seines Gedächtnisses, bevor er uns antwortet: »Es gibt zwei Orte in Rom, wo Sie derartige Kerzen kaufen können: eine Wachsfabrik in Trastevere und die Bottega Danese, ein Laden mit Produkten aus Dänemark, irgendwo in der Altstadt.«

So machen wir vier Deutsche uns in Rom auf die Suche nach dänischen Christbaumkerzen – auch das ist Globalisierung. Schließlich finden wir den Laden und stürzen uns auf die Päckchen mit edlen gelben, weißen und roten Kerzen. Sie kosten uns ein Vermögen.

Wie ich bald erfahre, haben nicht nur wir Probleme mit der Weihnachtslogistik in Rom, sondern auch der Papst. Nur: Benedikt XVI. hat für solche Fälle einen ganz bestimmten Lieferanten, einen alten Freund und Bankier aus München. Einmal beobachte ich diesen Weihnachtsmann des Papstes für einen Zeitungsartikel bei der Arbeit: Sein schwarzer Mercedes mit den Christbäumen auf dem Dach schlängelt sich wenige Tage vor Heiligabend durch den römischen Spätnachmittagsverkehr. Der geheimnisvolle Fahrer hinter den getönten Scheiben lenkt die Limousine behutsam an den Kolonnaden des Petersplatzes entlang zu einem mit schweren Eisengittern gesicherten Einlass in den Vatikan. Die Schweizergardisten salutieren, und der dunkle Wagen fährt ein in den kleinsten Staat der Welt. Er umrundet die Apsis des Petersdoms, gleitet durch den Cortile di San Damaso und kommt in einem Hof beim Apostolischen Palast zum Stehen.

Dort wartet bereits Georg Gänswein, der Privatsekretär des Papstes. Während sich die Abenddämmerung über den Kirchenstaat senkt, heben der Sekretär und der Fahrer drei Blautannen aus dem Bayerischen Wald vom Wagendach und schleppen sie zu einem kleinen Aufzug, der direkt hinauf in den *appartamento* – in die Wohnung des Pontifex – führt. Dann laden sie all die bayerischen Köstlichkeiten für Benedikt aus dem Kofferraum: Stollen und Früchtebrot, Lebkuchen und Plätzchen – und natürlich ganz viele duftende Bienenwachskerzen für die Christbäume, die der Papst in seiner Wohnung und in seiner Hauskapelle aufstellen lässt.

Der Münchner Bankier alias Weihnachtsmann erzählt mir später bei einer Flasche Rotwein in einem Restaurant gleich beim Petersplatz, er habe Joseph Ratzinger versprochen, als dieser 1982 von München an die Kurie wechselte: »Ich werde Sie in Rom mit bayerischen Dingen versorgen.« Er hielt Wort. Seit 25 Jahren fährt der Bankier mehrmals im Jahr von der Isar an den Tiber, um dem Freund, je nach Jahreszeit, Osterlämmer, Adventskränze oder eben Christbäume zu bringen. Früher packte er auch noch ein paar Träger Adelholzener Fruchtnektar und Andechser Bier in den Kofferraum. »Aber das hab ich eingestellt, das ist mir zu schwer geworden«, erzählt er mir.

Unsere exotischen deutschen Weihnachtsbräuche erregen, ähnlich wie die Meerschweinchen, großes Aufsehen im Palazzo. Anna etwa schaut eines Tages bei uns vorbei, um sich ein wenig Puderzucker zu borgen. Dabei entdeckt sie unseren Adventskranz. Vorsichtig schleicht sie einmal darum herum, als handele es sich um eine geschickt getarnte Tellermine. »Was ist denn das?«, fragt sie dann. Wir erzählen es ihr und zünden zur Demonstration zwei Kerzen an. Sie ist begeistert und beschließt, für ihre Tochter gleich auch so eine *corona dell'avvento* – wie wir dem Wörterbuch entnehmen – zu basteln. Auch die Schnur mit den vielen kleinen Päckchen – eines für jeden Adventstag –, die Antonia unseren Kindern gemacht hat, will sie nachahmen. »Oh, ihr mit euren wunderbaren deutschen Bräuchen«, sagt sie immer wieder.

Nur unser Weihnachtsbaum überzeugt sie überhaupt nicht. Das sagt sie uns natürlich nicht ins Gesicht, sondern auf italienische Art: »Euer Baum ist so schön schlicht und bescheiden.« Sie selbst habe ja immer einen Baum mit ganz vielen blinkenden Lichterketten, Kugeln in allen Farben, glitzernden Bändern, Perlenketten und kleinen, in leuchtende Folie eingeschlagenen Päckchen. »Man sieht die Nadeln kaum mehr vor lauter Schmuck. Das ist natürlich auch schön. Ihr müsst mal vorbeikommen und ihn euch ansehen. Vielleicht wäre so ein Baum ja auch etwas für euch, wo ihr es doch sonst so schön habt.«

An den Adventssonntagen zünden wir immer unseren offenen Kamin und mehrere Kerzen im Wohnzimmer an, die sich romantisch in unserem auberginefarbenen Marmorfußboden spiegeln. Es ist die einzige Zeit im Jahr, in der mir der Boden wirklich gefällt. Wir essen Nürnberger Lebkuchen, die uns Antonias Mutter geschickt hat, trinken Früchtetee und knacken Nüsse, ganz so, als seien wir in Deutschland. Vor allem aber singen wir, unter anderem die alten deutschen Weihnachtslieder »Stille Nacht« und »Leise rieselt der Schnee«. Bernadette spielt dazu erstmals auf der Flöte. Es klingt bezaubernd, finden wir.

Am Morgen nach einer unserer Adventsfeiern klingelt Filippo an der Tür. Er wirkt nervös und stammelt, er müsse mal kurz nachsehen, wie weit die Äste der Pinie in unseren Balkon hineinragen, womöglich müsse man sie schneiden. Offensichtlich ist das nur ein Vorwand, um hereinzukommen. Nach den üblichen Beteuerungen, dass es uns allen gutgehe, fragt der Hausmeister mit gespielter Beiläufigkeit, wie wir denn den gestrigen Abend verbracht hätten. Wir erzählen ihm von unserer Adventsfeier und dass dies in Deutschland so Brauch sei. »Man sitzt bei Kerzenschein zusammen, singt Weihnachtslieder und musiziert dazu.«

»Ach sooooo«, sagt Filippo und wirkt ungemein erleichtert. Ich biete ihm einen *caffè* an, den er gerne annimmt, und erfahre alsbald, was der eigentliche Grund seines Besuches ist. Die Familie des *incubo*, die über uns wohnt, hat ihn gebeten, uns doch mal ein bisschen auszufragen. »Von da unten sind Sonntagabend so komische Geräusche gekommen«, sagten sie. »Und so ein komischer Singsang. Es hat sich angehört, als hielten die *signori tedeschi* eine spiritistische Sitzung ab.«

Rafik Schami

Nudelsalat

In Damaskus fühlt sich jeder Gastgeber beleidigt, wenn seine Gäste etwas zu essen mitbringen. Und kein Araber käme auf die Idee, selber zu kochen oder zu backen, wenn er bei jemandem eingeladen ist. Die Deutschen sind anders. Wenn man sie einlädt, bringen sie stets etwas mit: Eingekochtes vielleicht oder Eingelegtes, manchmal auch selbstgebackenen Kuchen und in der Regel Nudelsalat. Warum Nudelsalat, mit Erbsen und Würstchen und Mayonnaise? Auch nach zweiundzwanzig Jahren in Deutschland finde ich ihn noch schrecklich.

In Damaskus hungert ein Gast am Tag der Einladung, weil er weiß, dass ihm eine Prüfung bevorsteht. Er kann nicht bloß einfach behaupten, dass er das Essen gut findet, er muss es beweisen, das heißt eine Unmenge davon verdrücken. Das grenzt oft an Körperverletzung, denn keine Ausrede hilft. Gegen die Argumente schüchterner, satter oder auch magenkranker Gäste halten Araber immer entwaffnende, in Reime gefasste Erpressungen bereit.

Deutsche einzuladen ist angenehm. Sie kommen pünktlich, essen wenig und fragen neugierig nach dem Rezept. Ein guter arabischer Koch kann aber gar nicht die Entstehung eines Gerichts, das er gezaubert hat, knapp und verständlich beschreiben. Er fängt bei seiner Großmutter an und endet bei lauter Gewürzen, die kein Mensch kennt, weil sie nur in seinem Dorf wachsen und ihr Name für keinen Botaniker ins Deutsche zu übersetzen ist. Die Kochzeit folgt Gewohnheiten aus dem Mittelalter, als man noch keine Armbanduhr hatte und die Stunden genüsslich vergeudete. Ein unscheinbarer Brei braucht nicht selten zwei Tage Vorbereitung, und das unbeeindruckt von aller modernen Hektik.

Deutsche Gäste kommen nicht nur pünktlich, sie sind auch präzise in ihren Angaben. Wenn sie sagen, sie kommen zu fünft, dann kommen sie zu fünft. Und sollten sie wirklich einmal einen sechsten Gast mitbringen wollen, telefonieren sie vorher stundenlang mit dem Gastgeber, entschuldigen sich dafür und loben dabei die zusätzliche Person als einen Engel der guten Laune und des gediegenen Geschmacks.

So großartig Araber als Gastgeber sind, als Gäste sind sie dagegen furchtbar. Sie sagen, sie kommen zu dritt um zwölf Uhr zum Mittagessen. Um sieben Uhr abends treffen sie ein. Und vor Begeisterung über die Einladung bringen sie Nachbarn, Cousins, Tanten und Schwiegersöhne mit. Aber das bleibt ihr Geheimnis, bis sie vor der Tür stehen. Sie wollen dem Gastgeber doch eine besondere Überraschung bereiten. Einmal zählten wir in Damaskus eine Prozession von neunundzwanzig Menschen vor unserer Tür, als meine Mutter ihre Schwester eingeladen hatte, um mit ihr nach dem Essen in Ruhe zu reden.

Ein leichtfertiges arabisches Sprichwort sagt: Wer vierzig Tage mit Leuten zusammenlebt, wird einer von ihnen. Seit über zweiundzwanzig Jahren lebe ich inzwischen mit den Deutschen zusammen, und ich erkenne Veränderungen an mir. Aber die Mitbringsel der Gäste? Wein kann ich inzwischen annehmen, aber Nudelsalat – niemals.

Roger Boyes

Made(n) in Germany

In Berlin kann man seine Figur auf drei verschiedene Weisen in Form bringen. Die erste Methode: Man ändert seinen Lebensstil – steht früh auf, isst Kohl, trinkt Wasser aus Plastikflaschen und eignet sich eine positive Lebenseinstellung an. Das kam für mich definitiv nicht in Frage.

Zweite Methode: Man legt sich unters Messer. Aber konnte ich mir das leisten? Nein. Würde ich die Schmerzen aushalten? Nein.

Blieb also nur noch die dritte Methode übrig: den Körper auf eine Weise zu trainieren, bei der man seinen Lebensstil nicht ändern, sondern nur auf neue Gebiete ausdehnen musste.

In Berlin gab es zwei angesagte Fitnessstudios. Das eine lag im Westen, das andere in einem schicken Ostviertel. Wie Straßengangs kloppten sie sich um ihre Kunden und versuchten, ihren Kiez zu kontrollieren.

Gelang es dem einen Studio, unter Gewährung riesiger Rabatte einen Tagesschau-Sprecher unter Vertrag zu nehmen, dauerte es bestimmt keine Woche, bis der rivalisierende Club durchsickern ließ, dass in seinem Dampfbad eine gewisse platinblonde Talk-Show-Moderatorin gesichtet worden sei. Da die meisten Leute neugierig waren, wie die Fernseh-Promis nackt aussahen, und die Umkleidekabinen zum Nacktsein geradezu einluden, galten die beiden Studios als die heißesten »Muckibuden« in der Stadt. Auch so ein lustiges deutsches Wort.

Harry ging ins West-Studio, um sein Bier auszuschwitzen, oder calvinistisch ausgedrückt: um sich dafür zu bestrafen, dass er seine Leber bestrafte. »Genau das Richtige für Masochisten wie dich«, sagte Harry und starrte dabei unverhohlen auf meinen Bauch.

Es war ein früher Samstagmorgen. Der Regierende Bürgermeister von Berlin quälte sich schweren Schrittes auf seinem Laufband ab und bereitete sich innerlich auf die Eröffnung eines Gummifetischisten-Kongresses vor. Seine beiden Leibwächter sahen ziemlich erschöpft aus. Ich versuchte herauszufinden, wo sie ihre Pistolen trugen. Den Regierenden Bürgermeister trieb offenbar dieselbe Neugier, weshalb er unentwegt auf ihre Shorts starrte. Auf den Spinning-Rädern neben mir saßen zwei Starlets. Die eine hatte der *Bild-Zeitung* Ultraschallbilder ihres ungeborenen Babys verkauft, die andere vor laufender Kamera Maden vertilgt. Lautstark beklagten sie sich über die Männer.

Madenesserin: »Eine schauderhafte Körperhygiene haben die.«

Ultraschall: »Die waschen sich nicht mal die Hosen.«

Madenesserin: »Wem sagst du das. Ich hatte gestern mein Gesicht im Schoß von ... na, du weißt schon ... und ...«

Ultraschall: »Im Borchardt's?«

Madenesserin: »Nee, im Bocca die Bacco.«

Ultraschall: »Und das hat keiner gemerkt?«

Madenesserin: »Bloß Luigi.«

Ultraschall: »Ach, der ist sooo süß. Mein absoluter Lieblingskellner.«

Madenesserin: »Jedenfalls, also die Hosen, die haben vielleicht gerochen. Nach Fisch und Schweiß und Ohrenschmalz ...«

Ultraschall: »Ohrenschmalz?«

Beinahe auf Kommando drehten sich die Starlets um, wie Rehe nach einem Knistern im Walde. Eine Frau marschierte auf sie zu, wunderschön in ihrer wilden Entschlossenheit. Sie trug eine ärmellose Weste und Shorts, was ihre durchtrainierten Arme und Beine zur Geltung brachte. Sie sah aus wie ein Kickboxer. Ihre Augen funkelten, und die Nasenflügel blähten sich kampflustig auf.

»Könntet ihr vielleicht etwas leiser reden«, sagte sie. Es war mehr eine Feststellung als eine Frage.

»Hast du 'n Problem, Schätzchen?«, fragte die Madenesserin und ließ ihre Fitnessstudioklunker klirren. »Zu wenig Sex?«

Schlagartig wurde es still in der Arena. Alle blickten auf einmal angestrengt auf die stummen ntv- und CNN-Bildschirme. Der Regierende tat so, als stünde er ganz im Bann der Hurrikan-Meldung des Atlanta Weather Centre, verlangsamte aber seinen Pferdekutschentrab zu einem gemächlichen Trott. Er wollte auf keinen Fall etwas verpassen, nicht zuletzt deshalb, weil er gern mit der Madenesserin – und auch sonst mit jedem, der im Reality-TV auftrat – Partys feierte.

»Kein Problem, das sich nicht lösen ließe, indem man euch aus dem Fenster schmeißt«, rief ihnen die aufgeweckte junge Frau zu. »Wir nehmen unseren Körper hier ernst – wir sind hier nicht im Kit-Kat-Club.«

»Bist du von der Sitte?«, fauchte die Madenesserin. Sie stieg vom Rad, strich sich die enganliegenden Leoparden-Leggins glatt und sagte zu Ultraschall gewandt: »Komm, Süße, lass uns aus diesem Kloster abhauen.«

»Versucht's doch mal im Zoo«, gab ihnen die schöne Kritikerin noch mit auf den Weg.

Während die Starlets in Richtung Umkleide stolzierten, faltete ich meine Zeitung zusammen und ging hinüber zu der Frau, die die beiden so erfolgreich aus dem Fettverbrennungs-Paradies vertrieben hatte.

»Alle Achtung. Das war das erste Mal, dass jemand bei der Madenesserin das letzte Wort behält.«

Ohne ein Lächeln drehte sie sich zu mir um, immer noch hochrot vor Empörung.

»Ich finde das einfach unerträglich, diese Dekadenz und diesen Exhibitionismus.«

»Ich auch«, beeilte ich mich zuzustimmen. »Ist aber mitunter auch ganz unterhaltsam, finden Sie nicht?«

Erneut blitzte Zorn in ihren Augen auf, verglomm dann aber sofort wieder.

»Sie sind Engländer, nicht wahr? Das war jetzt ironisch, oder?«

»Äh, ja, vermutlich.«

Wie schon so oft in Notsituationen kam Harry angeschlendert und rettete die Situation.

»Na, das war ja mal ein Zickenstreit. Gehen wir eine rauchen?«

In meinem Studio wurde man fürs Rauchen normalerweise gesteinigt. Doch auf der Dachterrasse gab es eine kleine Ecke, wo man, abgeschirmt von Topf-Koniferen, unbehelligt rauchen konnte. Vorausgesetzt, man wölbte die Hand über die Glut wie ein Partisan, der sich im Wald versteckt.

»Ja, warum eigentlich nicht?«, sagte die Frau zu unserer Verblüffung. Sogleich stieg sie in meiner Achtung – eine deutsche Frau, die bereit war, für ihre Prinzipien einzutreten und trotzdem Regeln zu brechen.

»Wie heißt du?«

»Claudia.«

»Freut mich«, sagte Harry. »Und jetzt lass uns eine qualmen. Ich hatte genug Aufregung für heute.«

Wir nahmen den Weg durch die Umkleideräume, vorbei an lauter Männern, die nackt durch die Gegend liefen und den Blick abwandten. Im Angebot die ganze Bandbreite deutscher Wurstwaren: von der stummeligen Teewurst bis zur runzeligen Kabanossi, vom Wiener bis zur Weißwurst. Wie auf einer Geburtstagsfeier von Kannibalen. Oben wartete bereits Claudia auf uns. Sie nippte an einem Sieben-Euro-Vollwert-Fitness-Elixir mit Haferflocken. Vorbei an noch mehr nacktem Fleisch – Frauen mit Orangenhaut-Hintern, die versuchten, etwas von der anämischen Sonne Berlins abzubekommen – begaben wir uns zu unserem Raucherversteck.

»Mann, die hab ich jetzt aber gebraucht!«, sagte Claudia und stieß eine blaue Wolke aus. Gleiches galt offenkundig auch für die Gelegenheit, ihren Ärger loszuwerden. »Diese Frauen haben einfach kein Selbstwertgefühl. Was ist bloß mit dieser Gesellschaft los? Die Leute verkaufen sich nur noch ans Fernsehen. Am liebsten hätten sie, dass ihnen das Fernsehen das Leben abnimmt.« Claudia atmete inzwischen so hastig, dass ich mir Sorgen machte, sie könnte sich am Rauch verschlucken und mit einem Hustenanfall unser kleines Versteck auffliegen lassen. Ihre Augen waren groß und rund geworden, wie Spiegeleier. In ihr schlummerte der Wahnsinn. Aber auch eine gefesselte Sexualität. Ihr gebräuntes Bein ruhte angewinkelt auf einem riesigen Pflanzentopf, während sie wie ein Soldat heftig an der Zigarette zog. Ich fand sie ausgesprochen attraktiv.

»Die Frauen heutzutage, was die ihren Körpern antun: Sie einfach an die Boulevardpresse verkaufen – das ist doch nichts anderes als Prostitution! Wir müssen unsere Körper wieder unter Kontrolle bringen. Sie zu so was wie, weiß nicht, Tempeln machen. Wir sollten unsere Körper verehren.«

Ich sah zu Harry hinüber, der demonstrativ mit den Augen rollte. Es gab keinen Zweifel: Die Frau war verrückt. Und verdammt sexy.

»Ist das nicht ein bisschen faschistoid?«, heizte ich die Diskussion an. »Ich meine dieses ›Forme deinen

Körper, dann kannst du die perfekte Gesellschaft erschaffen‹. Ich hab bestimmt nicht viel übrig für die Madenesserin und ihre Freundin, aber für mich klangst du gerade so, als ob du die beiden am liebsten ins Arbeitslager schicken würdest.«

»Zwecklos«, sagte Harry. »Daraus würden die unter Garantie noch eine Fernsehshow machen.«

»Letzten Endes ist es doch so«, sagte ich, überzeugt, ein schlagendes Argument aufzufahren, »selbst wenn du den perfekten Körper hättest – und deiner ist schon ziemlich nah dran, Claudia, wenn ich das so sagen darf –, wird dein ethischer Apparat höchstwahrscheinlich unvollkommen sein. Schau dir Arnie Schwarzenegger an.«

»Oder Marilyn Monroe«, warf Harry ein. »Oder Raquel Welsh.«

»Oder Senta Berger. Oder Ursula Andress.«

»Wer?«, fragte Claudia, aufrichtig verblüfft ob dieses kleinen Exkurses in die siebziger Jahre.

»Ich sag ja nicht, dass das Problem darin besteht, dass die Leute hässlich sind – sie benehmen sich einfach nur hässlich. Sie haben keine Selbstachtung, und das stört mich als Frau.«

»Also, die Miss Ultraschall, die ist nun wirklich nicht hässlich«, sagte Harry. »In Netzstrümpfen sähe sie bestimmt noch toller aus.«

»Wollen wir uns nicht lieber bei einem gesunden Abendessen darüber unterhalten?«, fragte ich. Claudia hielt inne, sah mich prüfend an und nickte langsam. Anschließend stach sie mit dem Rest ihrer Marlboro Light auf den Wurzelansatz der Konifere ein, bis die Glut besiegt war.

»Mein lieber Mann, die möchte ich aber nicht auf dem falschen Fuß erwischen«, flüsterte mir Harry zu, bevor wir uns erhoben.

Unterwegs kam er uns dann irgendwie abhanden.

Sein Handy klingelte – »Scotland the Brave« –, worauf er sich langsam zurückfallen ließ. Er winkte noch kurz vage in unsere Richtung, während wir weiter in Richtung Benito liefen.

Das Benito war ein angesagtes italienisches Restaurant mit rot-weiß karierten Tischdecken, einer verchromten Pasta-Maschine in der Saalmitte und Schwarzweißfotos von Marcello Mastroianni an der Wand. Die Kellner trugen schwarze Hemden und Pferdeschwanz.

Bei einem Teller Muscheln wurde schnell klar, dass Claudia all das war, was ich nicht war. Sie kannte sich gut mit Computern aus, machte sich große Sorgen wegen der globalen Erwärmung und glaubte an einen Kodex moderner Ethik. Das Übel unserer Zeit, sagte sie, sei die Inkonsequenz. Wenn George W. Bush den Irak im Namen eines Gerechtigkeitsideals bombardiere, dann müsse er auch den Iran und Syrien und alle anderen Diktaturen bombardieren. Und vorher klar und deutlich seine Absichten kundtun.

»Schriftlich«, ergänzte ich und nickte eifrig. »Mit dreifachem Durchschlag.«

»Prinzipien sind enorm wichtig«, sagte sie und knackte eine widerspenstige Muschel. Es klang wie ein brechender Knochen. »Selbst destruktive.«

Sie starrte mich finster an.

»Und was Beziehungen angeht, da bin ich für absolute Ehrlichkeit.«

»Absolut.«

»Nehmen wir zum Beispiel dich – du bist übergewichtig, hast eine krumme Haltung und Pickel auf der Nase.«

Ich nickte unsicher und sah ihren Fingern dabei zu, wie sie in der Schüssel nach einer Muschel krallten.

»Und doch finde ich dich auf seltsame Weise attraktiv.«

»Tja, danke für deine Offenheit«, sagte ich, die Augen immer noch auf ihre langen Finger geheftet. Sogar die schienen Muskeln zu haben, so als gäbe es für sie ein eigenes Trainingsprogramm. »Schon eine tolle Sache, Ehrlichkeit.«

»Ich könnte mir vorstellen, neben dir aufzuwachen.«

»Du meine Güte.«

»Aber vorher müsste ich wissen, dass du Achtung vor dir selbst hast. Dass du deinen Körper ernst nimmst. Nur dann wirst du auch mich achten. Und meinen Körper ernst nehmen.«

»Hmm«, schluckte ich. Mir war nicht ganz klar, worauf sie hinauswollte. Vielleicht hatte es mit der Sprache zu tun. Ich betrachtete eingehend den leichten Flaum auf ihrem Unterarm.

»Claudia«, sagte ich und blickte ihr endlich in die Augen. »Ich finde dich ziemlich nett. Und auch sehr attraktiv, ja. Aber, ich meine, wir haben uns gerade erst kennengelernt. Ist es nicht ein bisschen zu früh, über Pickel zu reden? Und über Sex? Ich fürchte, ich bin da einfach ein klitzekleines bisschen konservativ. Ein Engländer halt. Sorry.«

Zuhören war nicht Claudias Stärke.

»Was dir fehlt, ist eine Herausforderung«, erklärte sie mir. »So was wie bei König Artus und seinen Rittern. Oder den alten Griechen. Ich werde dir einfach eine Aufgabe stellen, um zu sehen, ob du meiner würdig bist.«

Mein Handy klingelte. Es war Harry.

»Ich dachte, es ist das Beste, ich lass euch zwei alleine.«

Ich entschuldigte mich bei Claudia. »Tut mir leid. Die Redaktion.« Dann stand ich auf und ging, vorbei an der schwarzen Tafel mit den Tagesgerichten und an Franz Josef Wagner, der gerade lautstark mit einer jugendlichen Verehrerin dinierte. Ich setzte mich neben einen Stapel zerfledderter italienischer Zeitschriften. *Gente* spekulierte gerade über eine Schwangerschaft im englischen Königshaus.

»Harry, die Frau ist bekloppt.«

»Welche Frau ist das nicht, mein Lieber?«

»Aber die ist so richtig reif-für-die-Klapse-bekloppt. Wahrscheinlich ist sie aus irgendeiner Klinik entflohen.«

»Muss ich dich daran erinnern, dass du nicht der begehrteste Junggeselle Deutschlands bist, nicht mal von Wilmersdorf? Und es war deine Idee, sie zum Essen einzuladen.«

»So was in der Art hat sie mir auch gerade gesagt. Sie hat so einen Ehrlichkeitsfimmel.«

»Pech! Aber wählerisch zu sein, kannst du dir nicht erlauben. Das Steuerjahr ist in sechs Monaten vorbei. Am besten, du tust einfach, was sie sagt.«

Derart zur Schnecke gemacht, kehrte ich reumütig zu Claudia zurück. Sie knipste ihr strahlendstes Lächeln an und entblößte dabei eine Reihe scharfer Reißzähne.

»Ich hab mir eine Aufgabe für dich ausgedacht – du läufst beim Berlin-Marathon mit!«

Mein Magen fühlte sich auf einmal an, als wäre er gerade von meinem Körper abgetrennt, an einen Anker gekettet und auf den Meeresgrund geworfen worden.

»Das ist ja eine tolle Idee«, log ich. »Aber ich glaube nicht, dass König Artus damit einverstanden wäre.«

Claudia beugte sich zu mir.

»Aber *ich* bin damit einverstanden.«

Harry und ich beredeten die Sache bei einem Eisbein im Café Floh. Er war wie immer der Großwesir von Lug und Trug, der Premierminister von Lügenland.

»Tu's einfach«, sagte er.

»Hast du eine ungefähre Vorstellung davon, wie lang so ein Marathon ist?«

»Ja, hab ich gerade gegoogelt. Zweiundvierzig Kilometer. Benannt nach der Schlacht von Marathon, 490 vor Christus. Die Athener haben die Perser geschlagen, und irgend so ein Grieche ist zwei Tage gerannt, um Hilfe zu holen.«

»Siehst du, sie schmeißt ihre klassischen Bezüge völlig durcheinander. Wieso soll ich so eine Schlacht nachspielen, nur um mir ihre Liebe zu verdienen? Soll sie mir meinetwegen irgendeine Aufgabe stellen – aber doch nicht mein Leben in Gefahr bringen! Meinst du, ich sollte mit ihr verhandeln? Ich meine, ich könnte ja auch mit dem Billigflieger nach Mailand jetten und ihr die neuesten Prada-Stiefel besorgen. Oder Robbie-Williams-Karten. Oder ihr ein Gedicht schreiben. Was ist das für eine Frau, die von mir verlangt, dass ich mich selbst zerstöre, damit ich für eine Beziehung in Frage komme?«

»Das ist schon pervers«, stimmte mir Harry zu und wischte mit einem Stück Brot den letzten Rest Soße vom Teller. »Was macht sie denn im richtigen Leben? Ist sie so eine Art Domina?«

»Sprecherin eines Grünen-Arbeitskreises.«

»Dacht ich's mir doch.« Er schnipste mit den Fingern, um ein weiteres Bier zu bestellen. Die Kellnerin sah etwas genervt aus.

»Da geht's eindeutig um Macht und Kontrolle. Sie möchte, dass du über jedes Stöckchen springst, das sie dir hinhält. Also musst du die Sache schlau angehen. Du musst sie in dem Glauben lassen, dass du brav tust, was sie sagt, und ihr diesen imaginären Sieg gönnen, gleichzeitig aber selbst das Heft in der Hand behalten. Das ist Politik. Machiavelli. Merkel.«

»Für mich klingt das eher wie lügen.«

»Mein Gott, jetzt krieg dich mal wieder ein, Kumpel. Du bist schließlich Journalist. Unsere ganze Branche ist doch nichts anderes als Hokuspokus und Blendwerk.«

Harry hatte wie immer recht. Ich versuchte, ebenfalls nach der Kellnerin zu schnipsen, hatte aber keinen Erfolg.

»Du musst nur die Illusion erzeugen, dass du den Marathon läufst. Das ist alles.« Er zog einen teuren Montblanc-Füller hervor und begann etwas auf eine Papierserviette zu kritzeln.

Der Plan war simpel: Ich sollte mich zum Berlin-Marathon anmelden. Kostenpunkt: siebzig Euro. Ich sollte so tun, als würde ich trainieren. Und während des Rennens würden wir, versprach Harry, in einem großangelegten Täuschungs- und Ablenkungsmanöver die Strecke ein wenig verkürzen.

»Und wie machen wir das?«

»Da arbeiten wir noch dran.«

Am nächsten Tag stattete ich Niketown einen Besuch ab, dem vielleicht nervtötendsten Laden in ganz Berlin, und kaufte ein Paar Silver Road Runner Specials. Die Schuhe sahen aus wie Miniaturraumschiffe und kosteten zweihundertzwölf Euro, genug, um eine äthiopische Familie einen Monat lang zu ernähren. Die Quittung hob ich fürs Finanzamt auf.

»Ich habe angefangen zu trainieren«, erzählte ich Claudia am Telefon.

»Das glaub ich erst, wenn ich's sehe«, erwiderte sie mit einem Hauch von Skepsis in der Stimme. Im Berliner Pressekorps nahm mir niemand so recht ab, dass ich plötzlich meine Churchill'sche Überzeugung – Sport ist Mord – abgelegt hatte, um etwas derart Lachhaftes zu tun, wie durch die Straßen von Berlin zu rennen. »Nirgendwo in Europa ist das Taxifahren so billig wie in Berlin«, war der nicht besonders hilfreiche Kommentar eines Kollegen. »Wozu der Stress?«

Die Skeptiker waren natürlich nicht in Harrys Masterplan eingeweiht. An den Abenden, an denen Claudia nicht an irgendwelchen Gesprächskreisen zu Themen wie Mädchenbeschneidung oder Tierhandel teilnahm, schaute ich in voller Läufermontur in ihrer Kreuzberger Wohnung vorbei. Wir tauschten ein paar Nettigkeiten aus, ehe ich wie ein blasenschwacher Labrador die vier Stockwerke ihres Wohnhauses hinunterhüpfte und in zügigem Tempo Richtung Hasenheide joggte. Zweimal um die Ecke gebogen und ab in die Kneipe.

»Wir geben ihr zwei Stunden«, sagte Harry, der bereits am Ecktisch mit zwei Köpi auf mich wartete. Wie ein waschechter Trainer legte er seine Stoppuhr auf den Tisch, neben eine Packung Fisherman's Friends. Nach ein paar streng getakteten Bieren reichte mir Harry die kräftigen Pfefferminzbonbons. »Gut, dass sie dich nicht küsst – die sind so scharf, dass es sie glatt durch die Wand pusten würde.« Zurück zu Claudia, immer zwei Stufen auf einmal, damit ich ins Schwitzen kam. Dann noch rasch eine halbe Miniflasche Evian über meinen Kopf geschüttet, für den letzten authentischen Schliff. Und dann klingeln.

»Um Gottes willen, wie fertig siehst du denn aus?«

»Gute Zeit«, keuchte ich. »Zwei Stunden und zwölf Minuten. Ich werd immer besser.«

»Sei vorsichtig, übertreib's nicht!«

»Nein, nein (keuch, keuch), die Wette gilt.«

»Möchtest du kurz reinkommen?«

»Nein, ich muss noch arbeiten«, sagte ich. »Tut mir leid.« Und dachte: Ja, eigentlich würde ich schon gern sehen, wie du lebst. Frauen haben ihre geheimen Gärten; verschaffe dir Einlass, und du fühlst ihren Puls. Außerdem musste ich aufs Klo. Harrys Trainingsbiere drückten mir auf die Blase.

»Bist du sicher?« Ihr Tonfall war auf einmal ganz weich.

Vielleicht wollte sie mich belohnen, für die außerordentlichen Anstrengungen, die ich unternahm, um ihr zu gefallen. Tatsächlich hatte ich mir noch nie so viel Mühe gegeben, die Anerkennung einer Frau zu erringen. Selbst als ich um Becky, meine Exfrau, geworben hatte, hatte ich nach der dritten Woche keine Blumen mehr mitgebracht. Becky hatte mir gesagt, in ihrer Wohnung würde es schon riechen wie in einem Bestattungsunternehmen. Danach schien mir jede weitere romantische Geste überflüssig.

Doch bei Claudia war das anders. Ich wollte ihr wirklich gefallen, wollte, dass sie mir übers Haar strich und meine Ausdauer würdigte. Vielleicht war es doch mehr als nur ein Steuerschlupfloch.

»Na gut, aber wirklich nur kurz. Die Arbeit ruft.« Claudia drehte sich um und tappte vor mir durch den Flur. Ich sah, wie sich unter dem dünnen ärmellosen T-Shirt ihre Rückenmuskeln abzeichneten. Die Wände im Flur waren mit Plakaten russischer Futuristen bestückt. Ihr Geschmack war etwas anspruchsvoller, als ich gedacht hatte, allerdings auch ein wenig spartanischer. Als Grüne war sie natürlich zwanghaft darauf bedacht, die eigene Weltanschauung auszustellen, doch ein Fundi war sie in meinen Augen eher nicht. Schließlich rauchte sie im Fitnessstudio! Sie fuhr einen Chevy – ein amerikanisches Auto und ein richtiger Benzinfresser dazu! Eine größere Sünde, eine offensichtlichere Verkehrung grüner Moral war nicht denkbar!

Da hätte sie genauso gut persönlich den Regenwald am Amazonas abholzen oder Uran im Gefrierfach lagern können. Nein, Claudia war eine Frau mit Widersprüchen. Ihre Eigensinnigkeit gefiel mir.

»Äh, Claudia, kann ich mal kurz deine Toilette benutzen?«

Sie nickte.

»Ich hol uns mal eine Flasche Wein.«

In bester deutschbürgerlicher Manier hing auch über Claudias WC eine dieser Karikaturen, die den Wohnungsinhaber als einen Menschen mit Humor ausweisen. Die Karikatur zeigte eine Frau, die einem Mann die Krawatte abschnitt. Als ich mich vorbeugte, um die kleingedruckte Pointe lesen zu können, umschiffte ich die Schüssel leider weiträumig. Ich riss ein ordentliches Stück Klopapier ab und wischte die Bescherung auf. Leider waren nur noch wenige Blätter auf der Rolle und noch immer nicht alle Spuren beseitigt. Konnte ich ihr Handtuch verwenden? Nein, bloß nicht. Ihren Gesichtswaschlappen? Tausendmal nein. Gott sei Dank lag auf dem Wäschekorb eine Ausgabe der *taz* herum. Das Papier war äußerst saugfähig. Ich wusch mir die Hände und nahm beifällig Notiz von Claudias Rasierer: Dem feministischen Quatsch von der Authentizität weiblicher Achselbehaarung hing sie also nicht an.

»Ach«, sagte sie, als sie die zerknitterte und durchnässte *taz* in meiner Hand sah, »hast du den Artikel über Nicaragua gelesen?«

»Ja, spannend.«

»Na, dann setzen wir uns doch ins Wohnzimmer. Soll ich die Zeitung entsorgen?«

»Äh, nein, die würde ich gern mit nach Hause nehmen. Da ist ein interessanter Artikel, den ich noch zu Ende lesen möchte.«

»Worüber?«

»Über die erotischen Beziehungen zwischen Engländern und Deutschen.«

»Echt? In der *taz*?« Sie schaute mich zweifelnd an.

»Na ja, nein, das stimmt nicht ganz. Ich wollte eigentlich nur sagen, dass ich dich sehr ...« Ich rückte näher, damit ich ihre körperliche Wärme spüren, das Animalische in der Frau riechen konnte.

Plötzlich entsann ich mich, wieso ich ihre Gegenwart so unwiderstehlich fand. Es war dieses nach Moschus riechende Versprechen – und das Gefühl, dass sie die absolute Kontrolle hatte. Nichts würde passieren, jedenfalls nichts Ernsthaftes, ehe Claudia es zuließ.

»Ich hab dir einen Chianti eingeschenkt.«

»Um ehrlich zu sein«, log ich, »trinke ich momentan nichts. Du weißt schon, wegen dem Marathon-Training.«

Wir saßen auf einem dunkelroten Sofa. Das Wohnzimmer sah etwas anders aus, als ich erwartet hatte; es besaß weder die Kargheit des Flurs noch die Albernheit des Badezimmers. Marokkanische Lampen aus Blech oder aus irgendeinem Leichtmetall sorgten für eine dezente Beleuchtung. Vorhänge in warmen Farben bestimmten den Raum: Ocker, Safrangelb und verschiedene Rot- und Blautöne. Dazu ein kunstvoll gearbeiteter niedriger Tisch, ebenfalls aus dem Maghreb, drum herum Sitzkissen. Der Effekt war der eines Boudoirs, wenngleich Claudia das Ganze wohl eher als einen Tempel oder Schrein zu Ehren des Multikultitums ansah. Es strahlte ein bisschen von der Sinnlichkeit aus, die Claudia öffentlich nicht zeigen durfte, wenn sie vom politischen Establishment ernst genommen werden wollte.

»Gefällt mir gut hier«, sagte ich – für einen Engländer fast schon ein Temperamentsausbruch. Ich schob mir noch ein Fisherman's Friend in den Mund, damit der Biergeruch sich nicht zu einem ungünstigen Zeitpunkt zurückmeldete.

Claudia betrachtete mich durch den marokkanischen Schleier. Zwischen uns knisterte es förmlich. Ich lehnte mich zu ihr rüber, da ich spürte, dass es nun so weit war. Ihre Lippen – schmaler als die von Renata, dennoch pneumatisch voll – rückten näher …

»Hast du wieder Pfefferminzbonbons gelutscht?«

Plötzlich hatte wieder die Kontroll-Claudia das Kommando von der sinnlichen Claudia übernommen, wie bei einer Wachablösung vor dem Buckingham Palace.

»Damit kann ich mich besser konzentrieren.«

Abrupt stand Claudia auf und wischte sich imaginäre Brotkrümel von der Hose.

»Kannst du den Müll mit runternehmen, wenn du gehst?« Sie drückte mir eine blaue Tüte in die Hand, die vor der Küche gestanden hatte. Sie quoll fast über vor Abfall, und ich sah, wie sich Plastikflaschen und Reinigungsmittel höchst unkorrekt darin wölbten.

»Nicht besonders grün, diese Mülltüte.«

»Nicht besonders englisch, dieser Mann«, erwiderte sie und bugsierte mich zur Tür hinaus.

Umgeben von kettenrauchenden Skatspielern, saßen Harry und ich in der Kneipe *Zur Bürste* und heckten einen Plan für den Marathonlauf aus.

»Ein Engelchen, dunkel«, sagte er zu Ilona, der Bedienung, und für einen Moment dachte ich, er würde okkulte Kräfte in Form eines schwarzen Engels heraufbeschwören. Tatsächlich bestellte er nur ein Bier. Sein sechstes. Während ich auf Alka Seltzer war. Mein ohnehin schon ausreichend kompliziertes Leben war durch einen Anruf meines Vaters weiter durcheinandergewirbelt worden: Er kam nun definitiv nach Köln, wo eine Art Wiedersehenstreffen mit anderen Veteranen des *Bomber Commands* stattfinden sollte. Er rechnete fest mit meiner Anwesenheit. Schlimmer noch: Auch Tom, dieser rüpelhafte und notorisch voreingenommene Kriegsveteran, würde zugegen sein. Mich beschlich die dumpfe Vorahnung, dass die Sache schlimm enden würde. Doch zuerst musste ich den Marathon überleben. Vor lauter Muffensausen – wieder so ein schönes deutsches Wort – hatte ich schon einen Knoten im Magen.

Harry breitete die Karte mit der Marathon-Strecke vor uns aus und schmiss dabei um ein Haar die Plastikblume um, die auf dem Tisch stand.

»Start und Ziel liegen ziemlich nah beieinander, das muss man bei diesen blöden Rennen immer bedenken«, sagte er. Ich war nicht ganz bei der Sache. Stattdessen nahm ich zum ersten Mal wahr, wie viele Straßen dabei im Spiel waren. Die gesamte Länge des Kurfürstendamms – dafür brauchte ich bei meinem normalen Schritttempo schon fast den ganzen Samstagnachmittag. Oder der todlangweilige, sich endlos hinziehende Hohenzollerndamm mit seinen leicht bedrohlichen Mietskasernen und den zahllosen Praxen für Kieferchirurgie. Oder die Torstraße im Osten mit ihren vielen Clubs und Antifa-Punks. Die Straßen von Berlin sind dermaßen lang und gerade, dass man meinen könnte, ein römischer Imperator hätte sie eigens für Wagenrennen bauen lassen. Es schien mir unmöglich, dass ein einzelner Mensch sich durch all diese Straßen schleppen konnte.

»Das schaff ich nie«, stieß ich resigniert hervor.

»Konzentrier dich«, sagte Harry streng. »Der Kern des Plans lautet folgendermaßen: Du läufst beim Start mit, verschwindest kurz danach und tauchst ein paar Stunden später am Ziel wieder auf. Nach meinen Berechnungen musst du nicht mehr als vierhundert Meter laufen. Du sorgst dafür, dass Claudia an der Ziellinie steht, und ich kümmere mich um den Rest. Ich werd mir dafür ein kleines Team zusammenstellen.« Er holte seinen Kugelschreiber raus und begann schweigend, seine Papierserviette zu beschriften. Am Ende waren es zehn Unterpunkte.

»Harry«, sagte ich nach einer Weile.

Er blickte auf.

»Danke.«
Harry machte eine wegwerfende Handbewegung.
»Wozu hat man Freunde?«

Von da an machte ich mir weniger Sorgen wegen des Marathon-Bluffs. Claudia rief noch am selben Abend an und eröffnete mir, sie wolle mich schon bald wiedersehen und habe das sichere Gefühl, dass es mit unserer Beziehung stimme und sich das Warten lohne. Es war die reinste Wortlawine. Sie sagte auch noch, dass ich so »integer« sei. Ich schlug es später im Duden nach: »unbescholten, moralisch einwandfrei, unbestechlich« stand da. Klang gut.

Uli Hannemann

Deutsche Tugenden

1. Lungern

Neukölln boomt. Wider sämtliche Unkenrufe nehmen in diesem Bezirk der Schmerzen die Menschen Herz und Schicksal in beide Hände und kämpfen engagiert gegen tatenlose Ohmacht. Ein Ortstermin lässt uns staunen: In fast jeder Straße haben neue Lungereien aufgemacht, vor denen mit vollem Einsatz herumgelungert wird.

Gewiss, ausgiebig gelungert wurde hier schon immer. Seit jeher sieht man jüngere bis mittelalte Männer auf den Bürgersteigen scheinbar ziellos herumstehen und auf gar nichts warten, wie es ein unbefangener Beobachter glauben mag. Genau darin besteht der Irrtum, der dem Beruf des Lungerers zu einem zwiespältigen Ruf verholfen hat. »Natürlich gibt es auch Penner, die ziellos rumstehen und auf gar nichts warten«, sagt der dreiundzwanzigjährige Kevin M. mit mildem Spott. In dem schwingt freilich hörbar Enttäuschung über die mangelnde Anerkennung mit, die seinesgleichen entgegenschlägt. Er lungert an seinem Stammplatz vor dem McDonald's am Hermannplatz und klappt wie zur Bekräftigung den Kragen zum Schutz gegen die schweren Regenschauer hoch. »Von wegen ziellos! Bei Wind und Wetter lungere ich hier herum, Tag und Nacht, im Sommer wie im Winter – da brauchst du eiserne Disziplin.«

Und die richtige Kleidung. C & A in der Karl-Marx-

Straße sowie die zahlreichen Billigläden rund um die Hermannstraße und den Kottbusser Damm haben den Bedarf schnell erkannt: Schnell trocknende Lungerhosen mit tiefen Taschen, in denen man die Hände vergraben kann, aber auch Zigarettenschachteln und Messer, denn das Lungern ist nicht ungefährlich. Oft gibt es Streitigkeiten um die wenigen guten Lungerplätze vor Cafés und Schnellimbissen – auch Straßenecken sind beliebt, weil man hier am besten gesehen wird. Den Engpass haben findige Köpfe erkannt und mit Mitteln des Senats und der EU florierende Lungereien eröffnet, die den Lungerern als perfekte Anlaufstelle dienen.

So viel Eigeninitiative lobt auch Wolfgang Schüttke, Neuköllner Stadtrat für Jugend, Sport und Lungern. Während wir dankbar den angebotenen »Futschi« schlürfen, zeigt der graumelierte Kommunalpolitiker stolz aus dem Fenster seines sonnigen Büros im vierten Stock auf den kleinen Platz direkt vor dem Rathaus. »Unser Prinzip heißt nicht mehr ›Von der Straße runter‹, sondern ›Auf die Straße rauf‹. Sehen Sie den Mann dort unten? Der hat vielleicht eine Karriere hinter sich: Arbeitslosigkeit, Sozialhilfe, ABM – ein Teufelskreis, aus dem es scheinbar kein Entrinnen gab. Nun hat er es doch geschafft, jetzt lungert er da unten. Nicht zuletzt dank der neuen Ecklungerei.«

Ebendort befragen wir den Betreiber Achmed Ö., was in seinen Augen eine gute Lungerei ausmacht. Erklärend weist der freundliche Türke auf die spärlich gefüllten Regale. »Von allem ein bisschen, von nichts genug!« Wir begreifen: Es gibt Zeitungen, aber nur drei oder vier, eine einzige Sorte Fertiggericht, fünf Marken Alkoholika, Toastbrot, Schrauben, Gummibärchen sowie sieben Videos mit indischen Schmonzetten – nur die Zigarettenauswahl wirkt ergiebiger. Ein hagerer Mittvierziger erwirbt eine Packung Marlboro. Der könne uns eine Menge erzählen, zwinkert uns Ö. zu, und wir folgen dem Kunden nach draußen.

Bozdiar K. ist ein alter Hase. Der 43-jährige Kosovokurde kennt sämtliche Kniffe, denn er lungert seit fast 25 Jahren herum, von einer kurzen Phase abgesehen, in der er sich als Karteileiche versuchte. »Hat mir nicht gefallen«, knurrt er, »lungern ist besser.« Soeben beginnt er die zwölf Stunden dauernde Spätschicht. »Gegen Morgen fallen dir manchmal fast die Augen zu«, gesteht er, während er »auf Lunger raucht«, wie der Straßenjargon das Rauchen während des Lungerns bezeichnet, zugleich ein integrativer Bestandteil des Arbeitsfeldes. Außer der Rauchpflicht gibt es weitere wesentliche Unterscheidungsmerkmale gegenüber Leuten, die einfach nur ziellos herumstehen und auf gar nichts warten: Während der Rauchpausen gehören die Hände unbedingt in die Hosentaschen; der Blick muss bei aller Müdigkeit stets argwöhnisch schweifen; pünktlich zur halben und zur vollen Stunde wird geräuschvoll der halbflüssige Teer ausgeworfen. Darüber hinaus gibt es saisonbedingte Verrichtungen wie Passanten anniesen und Frauen hinterherpfeifen.

»Ein geiler Job«, gerät K. ins Schwärmen. In erster Linie diene das Lungern ja dazu, dass sich die anderen Mitbürger vergleichsweise gebraucht und dadurch wohler fühlten. »Nur die Bezahlung könnte besser sein«, regt sich in dem erfahrenen Lungerer leise Kritik gegen den branchenüblichen Nulltarif.

»Aber man kann ja nicht alles im Leben haben.«

2. Trinken und jammern

»Der Kapitalismus ...«, hebt Achim an. Er lallt. Der erste richtig wärmende Sonnentag des Jahres fordert seinen Tribut.

»Der Kapitalismus ...«, wiederholt Achim sinnlos. Er zappelt. Bier fördert den Harndrang und Logorrhö. »Prost«, rufen Stefan und ich und ersticken damit das wirre Geblubber. Auch an den anderen Tischen wird gejammert. Das ist der bevorzugt betriebene Volkssport in der »Hasenschänke«, dem politischen, kulturellen, sozialen, philosophischen und nicht zuletzt alkoholischen Zentrum Neuköllns, das inmitten des Volksparks Hasenheide liegt. In dieser Mischung aus primitivem Biergarten und riesigem Freiluftkiosk bestimmt der Sonnenstand speziell im Frühjahr und Herbst die Sitzordnung. Hektisch versuchen Gelegenheitsgäste, die leichten Plastikmöbel den wandernden Strahlen hinterherzurücken, dahin, wo die erfahrenen Stammgäste längst sitzen. Dieser sitzordnungsgewordene symbolische Sonnenkult weist hochinteressante Parallelen zum Kreis von Stonehenge auf, der sich aus ähnlichen Motiven entwickelt haben mag. So bietet die Hasenschänke auch Spektakuläres für Esoteriker und Anhänger von Druidenreligionen.

Den harten Kern erkennt man an der Gesichtsbräune. Am Nebentisch sitzt die absolute Stammbesatzung – alle drei mit Sonnenbrille und der klassischen Frühjahrs-Saufbräune. In Endlosschleife fallen die Wörter »Hartz IV«, »Scheiße« und »Bierholen«. Seit Jahren belausche ich sie hier, wenn sie jeden halbwegs schönen Tag in der Sonne sitzen, trinken und jammern. Dabei frage ich mich jedes Mal: Warum sitzen die fast immer in der Hasenschänke? Gibt es denn keine Alternative?

Der heimliche Anführer dieser Clique ist »Der, der immer da ist«, wie wir Kenner ihn ehrfürchtig bezeichnen. Nur er ist als Einziger tatsächlich immer da, er ist ein Platzhirsch im ureigensten Sinn des Wortes. Unter der silbergrauen Mähne des Patriarchen strahlt das allzeit freundliche Gesicht eine heitere Gelassenheit aus, wie sie nur die gewinnbringende Kombination aus Weisheit und Dauerarbeitslosigkeit, Gleichmut und Berliner Pilsener, unendlicher Zufriedenheit und finaler Resignation hervorzubringen vermag. Oft sehe ich ihn, im selben Viertel wohnend, auf dem Weg von oder zur Hasenschänke schlendern. Sein Gang besitzt etwas dynamisch Federndes, der Blick ist stets leicht himmelwärts gewandt. Er scheint alle Hundehaufen zu kennen, selbst die neuesten, oder sie zumindest instinktiv orten zu können; an dieser Fähigkeit erkennt man den wahren Neuköllner.

In seinem Rudel herrscht »Der, der immer da ist« mit ruhigem Ton. Die engagierten Diskussionen drehen sich fast immer um das Gleiche: »wie scheiße alles ist«, »dass der Staat nichts macht«, »dass alle Betrüger sind« – wobei das Wort »Betrüger« wahlweise als Synonym gilt für Politiker, Studenten, Türken oder den Homo sapiens im Allgemeinen. Manchmal werden die Wortgefechte hitziger, aber meistens grundlos, da sie ohnehin alle in derselben Meinung münden. Dann ergreift der Sonnenkönig das Wort und beruhigt die anderen mit sanfter Stimme, dass »alles scheiße ist«. Wenn es dunkel wird, ziehen sie nach Hause, um am nächsten Tag rechtzeitig wieder in der Hasenschänke zu sein: Es gibt noch jede Menge Gesprächsbedarf.

Wenn einer der Herren Nachschub holt, ruht die Diskussion fairerweise. Der Bierholer begibt sich nach vorne zum Verkaufsschalter unter dem Vordach, wo die Blassen sitzen. Wir nennen sie auch »die Olme«. Sie sind blass und wollen es bleiben. Das Zwielicht, die Dämmerung, der Schatten sind ihnen Lebenselixier. Wer von ihnen eine Wohnung hat, bevorzugt Hinterhof Parterre – gerne in engen dunklen Straßen wie der Boddin- oder der Weserstraße –, wo sie hinter mit Wolldecken verhangenen Fenstern selbstgedrehten Eselsmist rauchen. Im Winter sieht man sie im Schutze der Überdachung vor der geschlossenen Schänke lagern und geduldig auf das Frühjahr warten. Das ist ihnen freilich ein zwiespältiger Freund: Auf der einen Seite verheißt es die Öffnung der geliebten Tränke, auf der anderen jedoch droht es mit Luft und Liebe, Wärme und Hoffnung – natürlich für die anderen.

Die Hasenschänke ist eine Klassengesellschaft: Hier die Gebräunten, die jammern, dort die Blassen, die nur noch stumm vor sich hin bleichen. Dazwischen die kartenspielenden Balkanleute, die aus Gründen, die ich nicht wissen möchte, als Einzige am Tisch bedient werden.

Und natürlich wir. Was am Nachbartisch mein soziologisches Interesse erregt, geht am eigenen Tisch leider nur noch schwer auf die Nerven: »Der Kapitalismus …«, versucht es Achim erneut mit dem gebetsmühlenartigen Gewäsch selbstverschuldet zu kurz gekommener Mittvierziger. Auch solche sieht man hier oft: in der Seele zwar links bis zum Tod, doch in der Praxis verquollene Phrasendrescher. Selbstgerechte Dogmatiker, entsexte Trinker, St.-Pauli-Modefans. Bald gehöre ich selbst dazu, dann wird es Zeit zu gehen.

»Ich trinke ja jetzt kontrolliert«, wechselt Achim zum Glück abrupt das Thema, »nur noch drei Bier am Tag. Mit den sechs von heute bin ich drei im Minus. Morgen zwei, dann bin ich bloß noch zwei hinten.«

Wenigstens beim Rechnen behält er einen kühlen Kopf.

Am Rande des Areals bricht auf einmal der ehemalige Kollege Martin lärmend aus dem Gebüsch und steuert auf den Tisch zu. In einem Jutebeutel klirren leere Flaschen. Martin sieht gesund aus, glücklich, braun gebrannt. Er war am Teich. »Die Frösche haben gequakt«, sagt Martin. »Das war schön.« Er zeigt uns das kraterähnliche Loch in seinem Arm – achtunddreißig Plasmaspenden in einem Jahr, dazu Hartz IV. »Alles besser als Taxifahren«, meint Martin und leert mit uns zügig ein paar Einbecker Urbock. »Ich weiß nicht, warum die alle jammern.«

Als er geht, torkelt er extrem.

Ist das der Kapitalismus?

3. Brabbeln

In Neukölln brabbelt eigentlich ständig irgendjemand vor sich hin. Ich kenne keinen anderen Ort, an dem das sinnlose Gebrabbel im öffentlichen Raum auch nur annähernd so verbreitet ist. Neukölln ist die Welthauptstadt der Vor-sich-hin-Brabbler, und speziell in der Gegend um den Hermannplatz wird diese Kunst in einem Maße gepflegt, dass es die reinste Freude ist.

Der gewöhnliche Brabbler unterhält ein eher barockes Verhältnis zu seinem Gebrabbel. Das klassische Gebrabbel ist komplett sinnfrei. Erlaubt ist, was gefällt: Gemurmel, Gestammel oder Gebrüll – Hauptsache, schwer verständlich. Nachvollziehbare Äußerungen sind verboten. Beliebte Standardtexte sind »Mann, Mann, Mann«, »Scheiße, alles Scheiße«, »Schweine, ihr verdammten Schweine«, »Ich bring euch alle um« oder auch – neu in den Charts – »Wir holen uns unseren Schatz«. Wie so oft bekleiden die Neuköllner eine Vorreiterrolle – in diesem Fall in puncto seelischer Hygiene: Eine kürzlich veröffentlichte Studie beschreibt Selbstgespräche wegen ihrer Ventilfunktion für die Psyche als sehr gesund.

Es gibt allerdings verschiedene Brabbler-Typen.

Der sogenannte »Bruddler« etwa verzichtet völlig auf den Inhalt und legt alles in die Form. Er hat, meist in langjähriger Arbeit, eine Art Kunstsprache entwickelt, ein monotones Gebell, mit dem er seine Umgebung auf eher unaufdringlich zurückhaltende Weise dauerberieselt.

Ganz anders der »Politpsychopath«: Dieser betreibt, vorzugsweise schreiend, Propaganda. Zu Hause hat er zwei Wellensittiche, Adolf und Eva, denen er beigebracht hat, auf Kommando den rechten Flügel zu heben und Selbstgespräche antisemitischen Inhalts zu führen. Es gibt rechte und linke Psychopathen – nicht selten sehe ich, wie zwei Menschen, ohne dem jeweils anderen auch nur einen Funken Beachtung zu schenken, aneinander vorbeigehen, während der eine »Türken, überall Scheiß-Türken« und der andere »Ich kriege euch, ihr verdammten Nazi-Schweine« brabbelt.

Ebenfalls häufig kommen der »Paranoiker« und der »Schizophrene« vor, gerne auch in Personalunion. Sie brabbeln am liebsten in der Nähe von U-Bahn-Eingängen: »Scheiße ... Scheiße ist das ... Paranoia ... Das soll keiner mitkriegen, dass ich Paranoia hab. Keiner soll das mitkriegen! Mann, Mann, Mann.«

Außerdem gibt es noch den »Statistiker«; vermutlich laboriert er an einer Art Systemtick: Auf Spaziergängen durch belebte Straßen registriert er Leute, die ihm entgegenkommen, laut nach Gruppenzugehörigkeit. Zum Beispiel Ausländer im Verhältnis zu Deutschen. »Achtunddreißig zu siebenundzwanzig«, brabbelt er dann. »Nein, neununddreißig zu, nein, vierzig zu sieben-, nein, zu achtundzwanzig.« Das ist ein ganz schöner Stress, besonders wenn es sich um einen Statistiker handelt, der gleichzeitig wahnhaft darauf achten muss, mit seinen Füßen nicht die Ritzen zwischen den Gehwegplatten zu berühren.

Eine eher seltene Form des Brabblers hingegen ist der »Haus-Brabbler«. Nicht weit von mir gibt es so einen. Er wohnt im vierten Stock, und das Fenster ist ständig geöffnet. Wann immer ich dort vorbeikomme, krächzt er alle paar Minuten: »Hau ab!« Kurzes Gebrabbel schließt sich an, dann Stille. Nach ein paar Minuten wieder: »Hau ab!« Gebrabbel, Stille. Um elf

Uhr abends, um ein Uhr nachts, um fünf Uhr morgens, fast rund um die Uhr – so geht das seit Jahren jeden Tag. Nur tagsüber scheint er manchmal kurz Pause zu machen. Der sozialpsychiatrische Dienst in Neukölln kann sich ja leider nur um die schwerwiegenden Fälle kümmern.

Asli Sevindim

Ein deutsch-türkischer Geburtstag

Ich bin ein biologisches Wunder. In meinem Kopf wohnt nämlich nicht nur ein Gehirn, sondern vorübergehend auch eine vierzehnköpfige Blaskapelle. Trompete, Posaune, Klarinette, Tenorhorn, die Jungs haben alles dabei, worauf man laut herumhupen kann – und sie tun es auch. Mein Schädel dröhnt wie verrückt.

Das liegt wahrscheinlich daran, dass ich in meiner türkisch geprägten Kindheit und Jugend nur wenig mit deutscher Blasmusik zu tun hatte und nicht daran gewöhnt bin. Sehr viel wahrscheinlicher liegt es aber daran, dass es ein bisschen spät geworden ist gestern. Oder doch eher früh? Ich war um kurz vor fünf im Bett, da schnarchte Stefan schon seit einer halben Stunde friedlich. Ich musste noch helfen, das Nachtlager für meine Schwestern Sıla und Gözde herzurichten – in ihrem hochprozentigen Zustand durfte ich als Älteste sie einfach nirgendwo mehr hingehen lassen. Sıla nicht in ihre Wohnung, in der sie allein lebt, und Gözde erst recht nicht zu meinen Eltern, wo sie mit ihren zwanzig unverheirateten türkischen Jahren selbstverständlich noch immer wohnt. Immerhin hatten wir angekündigt, dass sie eventuell bei uns übernachten würde, auch wenn wir nicht geahnt hatten, wie dringend das nötig sein würde.

Ich schäle mich vorsichtig aus dem Bett, es ist 8.47 Uhr, da will ich Stefan noch nicht wecken. Und auch nicht meine Schwestern im Wohnzimmer, sie schlafen selig auf den Sofas – mitten in einem Schlachtfeld!

Allah im Himmel, hier sieht es ja aus wie nach einem Überfall von berittenen Tatarenhorden!

Überall stehen und liegen Flaschen und Gläser herum, Teller mit angepappten Nudeln und vertrocknetem Salat von gestern, und das, obwohl wir uns hier nur aufgewärmt haben und den größten Teil des Abends unterwegs waren. Unter meinen nackten Füßen knirschen Chips, und ob draußen Tag oder Nacht ist, kann ich durch die dreckigen Fenster kaum noch erkennen. Das ist allerdings schon länger so, denn meine kasachische Putzfee Mascha war zuerst drei Wochen im Heimaturlaub, und jetzt ist sie schon seit gut zwei Wochen vergrippt.

In dieser Schmuddelei wollen wir heute Abend also unser großes deutsch-türkisches Weihnachten feiern?

Sonst machen wir das immer im kleinen Kreis: Stefan und ich fahren zu seinen Eltern, wo wir gemeinsam mit seiner Schwester und ihrem Freund seine Nichte schwindelig beschenken – es geht ohnehin hauptsächlich um die Kleine.

Doch diesmal soll es eine Familienfeier orientalischen Ausmaßes werden – auch wenn es um ein mehr oder weniger christliches Fest geht. Die gemeinsamen Gelage im Ramadan haben allen so gut gefallen – vor allen denen, die vorher nicht gefastet und trotzdem den ganzen Tag am Herd gestanden haben –, dass sich viele gewünscht haben: Weihnachten wollen wir alle zusammen sein!

Eine charmante Idee, aber wo ich hier gerade in den Resten unseres Wohnzimmers stehe, mache ich mir allmählich doch Sorgen. Vor allem wegen meiner Mutter, die jede noch so kleine Wollmaus durch geschlossene Türen orten kann. Die merkt sofort, wenn ich das alles im Arbeitszimmer verschwinden lasse und die

Tür hinter den ungespülten Schüsseln einfach abschließe.

O Allah, ich finde, das ist Grund genug, in Ohnmacht zu fallen! Das schaffen wir im Leben nicht, alles aufzuräumen und das Essen vorzubereiten. Ich alleine sowieso nicht, die drei Schnarchnasen müssen kräftig mit anpacken.

Obwohl Stefan sich bestimmt zieren wird. »Ich hab's dir doch gesagt«, bekomme ich sicher gleich zu hören. »Das war keine gute Idee. Deinen dreißigsten Geburtstag feiern und direkt am nächsten Tag zum ersten Mal Weihnachten bei uns – das muss in die Hose gehen!«

Ja, ja, er hat mich davor gewarnt, unsere Wohnung – und uns selbst – ausgerechnet am 23. Dezember in Grund und Boden zu feiern. Aber ich kann nun mal nichts dafür, dass ich an diesem Tag geboren wurde, tut mir leid, dass meine Mutter seinerzeit einen zukünftigen deutschen Ehemann nicht einkalkuliert hatte. Natürlich habe ich meine Argumente für die Party mit meinem Basar-Charme deutlich opulenter vorgetragen. Nach einem zähen halbstündigen Disput war Stefan so mürbe, dass er nur zugestimmt hat, damit mein knatterndes Mundwerk endlich stillsteht.

Es hat sich wirklich gelohnt. Wir haben gestern so gründlich gefeiert, dass ich heute nicht nur ein, sondern gleich drei bis vier Jahre älter geworden bin.

Ich weiß auch genau, wer schuld daran ist: meine Schwester Sıla. Sie besteht aus ganzen 1,65 Metern purer Energie – wenn sie nicht wie jetzt gerade mit halboffenem Mund schläft.

Um kurz vor acht gestern Abend standen neben den Schalen und Schüsseln, in denen vorher Knabberkram gewesen war, ein deutlich ausgedünnter Kasten Bier, drei fast leere Flaschen Prosecco, fünf ganz und gar leere Flaschen Rotwein und fünfzehn ziemlich volle

Personen bei uns im Wohnzimmer. Ich zähle mich nicht dazu, denn als Gastgeberin hatte ich schon nach einem halben Glas Wein eine Pause eingelegt.

Meine Schwestern waren da, meine engsten Freundinnen Arzu und Elmas, Murat, Robert und Katja, Frauke natürlich, unser Partymonster, und einige andere.

»Und jetzt, was machen wir jetzt, Sıla? Du hast uns doch gesagt, ihr Mädels denkt euch was aus?«, fragte ich zu vorgerückter Stunde.

»Erst Sultan, dann Karizma, nicht wahr?«, meinte Sıla in die Runde – wenn auch ohne jede Chance auf Widerspruch. Das war nämlich keine Frage, sondern vielmehr eine Feststellung. Denn für Sıla war klar, dass wir zuerst im Restaurant Sultan gepflegt türkisch essen (sie hatte bereits reserviert) und danach wie wild türkisch tanzen gehen würden, und zwar in der neuen Disko Karizma.

So richtig hatten sich die Damen vom binationalen Organisationskomitee allerdings nicht abgesprochen. Vielleicht lag es auch daran, dass wir selten in diesem Kulturmix ausgehen. Die Geschmäcker sind dann doch recht verschieden: Die einen mögen eher orientalisches Hüftwackeln, die anderen stehen auf teutonisches Technogestampfe.

Auf jeden Fall verwandelte sich der Gesichtsausdruck meiner Freundin Frauke in ein großes Fragezeichen. »Türkendisko?«

Hochgezogene Augenbrauen. Bei allen. Allerdings aus unterschiedlichen Gründen.

»Na klar!«, fauchte Sıla. »Oder dachtest du, wir setzen auch nur einen Fuß in einen von diesen germanischen Ballermannschuppen?«

Dreißig noch höher gezogene Augenbrauen.

Oh, oh. So etwas durfte das deutsche Superweib Frauke nicht auf sich sitzen lassen. Sie schüttelte kurz ihre schulterlangen blonden Haare, richtete ihre

1,76 Meter direkt vor Sıla auf und drückte ihr Schwimmerkreuz durch, das einem Mann alle Ehre machen würde.

»Ich dachte, wir wollen richtig Spaß haben? Mit auf dem Tresen tanzen und so. Außerdem ist heute Caipi-Nacht im Brauhaus. Wenn wir in einen Türkenladen gehen, wird das wieder nichts. Da kommt ihr doch immer mit: ›*Ach nee, lieber keinen Alkohol hier, Bekannte könnten uns sehen. O nein, lieber nicht so wild tanzen, da sind vielleicht Leute, die unsere Familie kennen.*‹ So wird das ja nicht mal ein Kindergeburtstag!«

Laut intonierte Empörung auf türkischer Seite, ich gebe zu, meine kleine Schwester Gözde wurde sogar handgreiflich und kniff Frauke in den Arm. Doch die hatte nicht unrecht, Katja und Robert stimmten heftig nickend zu. Aber für Sıla war das eine klare Kampfansage. Von der DFF an die TFF. Die Deutsche Feierfraktion gegen die Türkische Feierfraktion.

»Ha, du glaubst, ihr Deutschen versteht mehr vom Feiern als wir?«, konterte sie, und schon nahm das Verhängnis seinen Lauf. »Und denkst du vielleicht auch, wir vertragen nichts, he? Jetzt zeigen wir euch erst mal, wie das wirklich funktioniert. *Hadi bakalim*, los geht's.«

Es muss der Einfluss des bevorstehenden Weihnachtsfestes gewesen sein: Um der Harmonie willen folgten wir ihr wie die Schafe.

Die erste Station unserer Reise durch die Partykultur war das bereits erwähnte, höchst niveauvolle Restaurant Sultan. Nun ja, bis zu unserem Besuch war es das mit Sicherheit.

Im Sultan speist man sehr vornehm bei leiser Klaviermusik, das Licht ist gedämpft, ebenso wie der Geräuschpegel.

Die Tische sind ausgeklügelt angeordnet, so nah,

dass ein Blick auf das exquisite Lammkotelett am Tisch nebenan möglich ist, aber weit genug auseinander, dass man nicht dem Gespräch der Nachbarn lauschen kann. Normalerweise.

Wenn nicht das lebende Megaphon Frauke in diese Stille einbricht. »He, was 'n das für 'n Gedudel? Also die Musik muss sich aber sofort ändern. Mach mal ›Simarik‹ von Tarkan, das wollen wir hören!«, skandierte sie schon, als der freundlich lächelnde Kellner uns gerade die Jacken abnahm. Mit Engelsgeduld rückte er dann drei große Tische zusammen und stellte eine ganze Batterie an Vorspeisen vor uns hin: von pürierten Auberginen mit Knoblauch bis zu Zucchinipuffern mit Joghurtsauce.

Der Türke an sich betrinkt sich nämlich gepflegt und braucht dazu die Köstlichkeiten des Orients. Gefüllte Weinblätter und gebackener Schafskäse bilden eine solide und sehr schmackhafte Grundlage für den Raki, unseren türkischen Nationalschnaps mit Anisaroma und knapp fünfundvierzig Umdrehungen.

Wir haben ihn – nicht nur aus Rücksicht auf die deutschen Mitbürger unter uns – mit Wasser gemischt genossen. Raki ist nämlich ein ganz schön fieses Zeug, finde ich, denn beim Trinken ist man hauptsächlich mit den Anisdüften beschäftigt, die einem permanent in die Nase steigen und von dort ins Gehirn wandern. Die meisten von uns haben jedenfalls erst spät, zu spät gemerkt, dass mit den Düften auch die Bereitschaft gestiegen war, lauthals zu singen oder unbedingt tanzen zu wollen. Gegen das mehrmalige und zugegeben sehr schlechte Anstimmen von Mustafa Sandals »Isyankar« konnte die Geschäftsführung nichts ausrichten – da wir die Rap-Einlagen von Gentleman wegließen, hatte ich auch nichts dagegen einzuwenden –, doch das Tanzen haben Gözde, Stefan und ich mit vereinten Kräften gerade verhindert.

»Das geht echt nicht. Hier sind noch andere Gäste«, pfiffen wir Murat und Katja zurück, denn wir drei hielten uns einigermaßen bedeckt. Zum Ausgleich wurde gleich noch lauter gesungen, ein anatolisches Volkslied, das nur Elmas und Arzu kannten, während die anderen völlig falsch, dafür aber mit großer Inbrunst mitsummten und zum Schluss das kulturübergreifend großartige »Time of my life« aus *Dirty Dancing* zum Besten gaben.

»Ach, ihr könnt ja doch ganz gut feiern. Ich fühle mich schon total türkisch!«, rief irgendwann Robert spöttisch in die Unterhaltungen am Tisch. Dabei konnte er sich höchstens ziemlich betrunken fühlen. Ich muss sagen, ich war schwer überrascht, denn Robert ist Pole, und von ihm hatte ich doch etwas mehr alkoholische Standfestigkeit erwartet. »Ich trinke ja auch nicht wie ein Mädchen«, erklärte er mir lautstark, als ich den Kopf schüttelte. Zum Beweis hob er die leere Flasche vor sich an. Später, nach unserem Besuch im Brauhaus, auf dem die DFF bestanden hatte – anstelle der türkischen Disko und als kulturausgleichende Gerechtigkeit sozusagen –, habe ich mir sagen lassen, dass der inzwischen recht säuerlich dreinblickende Kellner die Rakiflaschen mehrmals durch neue ersetzen musste.

Ich habe nicht alle Einzelheiten mitbekommen. Mein Kopf lag nämlich immer wieder mal auf der Tischdecke. Als wohlerzogene Türkin trinke ich tatsächlich nur selten und vertrage entsprechend wenig – ein paar schwache Momente hatte ich gestern Abend daher schon. Ich kann zum Beispiel nicht mehr genau sagen, ab wann unsere intime Geburtstagsrunde krakenartig das halbe Lokal in Beschlag genommen, sich weitere Tische einverleibt und angefangen hat, von fremden Tellern zu essen.

Frauke allerdings hatte mehr als Essen im Sinn, als

sie sich an einen besonders lecker gedeckten Tisch setzte.

»Hallo, ihr Süßen, Brüderschaft trinken ist doch total türkisch, oder?«

Zwar neigen wir Türken sehr wohl zu größeren Familien und vielen Geschwistern, aber auf echte Brüderschaft war Frauke meiner Meinung nach nicht aus, als sie den drei jungen Türken, über deren lachsfarbene Krawatten und gegelte Haare wir schon ausführlich getuschelt hatten, ihren Vorschlag auf Familienzusammenführung unterbreitete. Die Zunge des verschmitzt grinsenden Typen mit den dunklen Knopfaugen soll übrigens besonders brüderlich geschmeckt haben. Als die Blicke der anderen Gäste immer entsetzter wurden und das pikierte Hüsteln unseres Kellners immer lauter, beschlossen wir, dass es Zeit war, weiterzuziehen. Wir werden uns wohl ein neues türkisches Lieblingslokal suchen müssen. Im Sultan können wir uns jedenfalls nicht mehr blicken lassen.

»Hach, endlich ein Laden, in dem die Leute wirklich locker sind«, freute sich Frauke lautstark, als wir angeschickert ins Brauhaus hineinstolperten.

Es war ein mittlerer Kulturschock für die TFF. Ein Schuppen namens Oberbayern – mitten im Ruhrpott. Kilometerlange, grob gezimmerte Holzbänke, Hintern an Hintern mit wildfremden Menschen, säuerliches Bier, von dem ich persönlich schon aufstoßen muss, wenn ich nur daran denke. Die urige Stimmung erfasste unsere Truppe schnell. Dazu ein nicht enden wollender Reigen deutscher Schunkellieder, die bei Türken eigentlich zu sofortiger kollektiver Taubheit führen müssten – da blieb uns doch nichts anderes übrig, als uns zu betrinken!

»Einen Caipi für das Geburtstagskind, auf den tollen Abend!«, brüllte Frauke mit ihrem Megaphonmund, und schon stand der Cocktail vor mir.

Aber sicher.

Kaum hatte ich ihn geleert, hieß es: »Und jetzt ein Bierchen, weil's so gut schmeckt.«

Immer doch.

Nach diversen alkoholischen Kaltgetränken: keine Spur mehr bei mir von Zurückhaltung, von Selbstbeherrschung und tadellosem Verhalten in der Öffentlichkeit – meine gute türkische Erziehung war wie weggespült. Sıla hatte ihre bereits im Sultan verloren, und ob Arzu oder Elmas je eine besessen hat, ich weiß es nicht. Meine kleine Schwester Gözde hatte auch ordentlich Schlagseite.

Aber wir waren ja in bester Gesellschaft, meine deutschen Freunde hatten gerade gemeinsam mit meinem Mann zu einem mehrstimmigen Lied angehoben: »Die Karawane zieht weiter.« Ha, das konnten wir auch. Völlig enthemmt leisteten wir mit stolz geschwellter Brust unseren türkischen Beitrag zur deutschen Wirtshauskultur: Die TFF debütierte im Chor spontan mit der türkischen Version des durstigen Sultans, *»Of of, kervan yoluna devam eder, sultan susamış«*.

Doch den eigentlichen Höhepunkt dieser Nacht haben wir alle verpasst. Alle außer Frauke, denn sie hatte ihn produziert. Ihr nicht zu überbietender Beitrag: eine sportliche Einlage, die ziemlich unsportlich endete – Frauke ist beim Tanzen vom Tresen gefallen, nicht ohne dabei den ein oder anderen Gast unter sich zu begraben ...

Aber na ja, ganz so schlimm kann es nicht gewesen sein, schließlich hat uns niemand aufgehalten, als wir nach halb drei das Brauhaus verließen und mit zwei Großraumtaxen zu uns nach Hause fuhren.

Meine Motivation für diesen Abend war selbstverständlich rein kultureller Natur gewesen. Ich war gespannt auf den Ausgang dieses äußerst pragmatischen Vergleiches der Partykulturen.

Mein Fazit: Deutsche und Türken feiern in sehr unterschiedlichen Etablissements mit sehr unterschiedlicher Musik, aber Bier und Caipi machen genauso viel Kopfweh wie Raki. Prost!

Ach ja, noch was: Das war definitiv kein Kindergeburtstag.

Dietmar Wischmeyer

Deutscher sein

Hier steh' ich nun, ich armer Tor ...

»Ich bin stolz, ein Deutscher zu sein.« Schön gesagt, doch was sind das eigentlich: Deutsche? Ist das die in den Grenzen von 1990 lebende zweibeinige Biomasse, oder wer? Kann ja nicht, denn hier gibt es ja auch noch Ausländer und auf Malle und in Tadschikistan dafür jede Menge Deutsche. Das Grundgesetz, diese lustige Anekdotensammlung aus den Wirren der Nachkriegszeit, meint dazu, dass man von der Abstammung her Deutscher sein muss, um das auch weiter zu bleiben. Wenn also die beiden Elterntiere deutsch waren, ist das Kälbchen das auch. Was aber ist mit den Mischlingen? Ist es da so wie in der Kampfhundverordnung, dass ein Pitbull-Gen den harmlosesten Köter versaut? Und wann ist das Deutsche aus einer Blutlinie komplett rausgemendelt? Ist der Achteldeutsche z. B. noch berechtigt, Neonazi zu werden? Komischerweise stört es niemanden in diesem Land, dass die Staatsangehörigkeit noch an eine unterschwellige Rassenlehre gekoppelt ist. Wobei jeder natürlich genau weiß, dass »Deutsch« genauso wenig eine Rasse ist wie Hofhund. Der Migrationszufall der letzten zweitausend Jahre hat hier in Mitteleuropa einen wilden Gencocktail angerührt, der keine Gemeinsamkeiten kennt. Deutsche sind weder blond und blauäugig noch groß oder intelligent. Ja, nicht einmal die gemeinsame Sprache eint sie. Drei Viertel der Insassen versuchen sich mühselig auf Schwäbisch oder noch schlimmer zu verständigen. Das deutsche Idiom in der Fülle seiner Ausdruckskraft ist den hier im Wege stehenden Bewohnern im Grunde genauso fremd wie jede andere Sprache der Menschheit auch. Jaha, aber die gemeinsame Kultur! Außer der in den Joghurtbechern fällt mir keine ein. Selbst Zlatko wusste eher nicht, wer Shakespeare war, als dass er sich nicht an Goethe erinnerte. Was ist ein Deutscher? Der Begriff entzieht sich jeglicher Definition, und keiner weiß, was das eigentlich ist. Somit bedeutet der beliebte Lokusspruch »Ich bin stolz, ein Deutscher zu sein« nicht viel mehr, als dass der Sprecher stolz darauf ist, nicht zu wissen, wer er eigentlich ist. Verkürzt könnte er auch gleich sagen: Ich bin stolz, ein Bekloppter zu sein. Das wiederum finde ich gut und schlüssig, denn es entspricht weitgehend der Wahrheit. Und dieser Stolz sei ihm auch von Herzen gegönnt, denn sonst scheint wenig Licht ins Dunkel seines trüben Hirns. Und wir wollen doch, dass sich alle wohl fühlen hier bei uns, im Land der Bekloppten und Bescheuerten, nicht wahr!?

Da lebt der Deutsche richtig auf

Der Bekloppte hat viele interessante Hobbys, die ihm seinen Alltag versüßen, das liebste davon ist ihm das Rumpupen. Egal was der Mitmensch gerade so treibt, er wird dafür erst mal angepupt. Halb legales Parken etwa treibt todsicher einen Rumpuper aus der Deckung. »He, Sie da, was soll'n das werden, wenn's fertig ist?« Ja, so mögen wir ihn, den selbsternannten Ordnungshüter, stets am Leben seiner Mitmenschen interessiert. Da steht er mit den Pranken in der schwammigen Hüfte und gafft mürrisch übers Trottoir. »Schon mal was von ›Anwohnerparkberechtigungsschein‹ gehört?«, startet er ein kleines Vokabelquiz am Wegesrand. Dieses bekloppte Wort hatte ich Gott sei Dank noch nie gehört. »Der Wagen muss hier sofort verschwinden.« Sicherlich, aber ich bin weder Siegfried noch Roy und eigentlich nur froh, dass ich mal kurz parken kann, um aus der Reinigung ein paar Sachen abzuholen. Keine Chance, der Rumpuper wacht ehern über die Einhaltung sämtlicher Bestimmungen. Steht ihm das Wort als Waffe nicht zur Verfügung, weil er jemanden in der geschlossenen Fahrgastzelle anpupen muss, so nimmt er die Gestik zu Hilfe: Die linke Hand wird dabei zu einem imaginären Schreibblock, auf dem mit Daumen und Zeigefinger der Rechten virtuelle Eintragungen vorgenommen werden. Das Wichtigste am Rumgepupe ist, dass es gänzlich ohne eine Legitimation auskommt. Es sind die sogenannten wachsamen Bürger, die seelenruhig dabei zuschauen, wie jemand in der U-Bahn verprügelt wird, aber sofort eingreifen, wenn die Rasenfläche illegal überschritten wird. Je harmloser das Delikt, desto höher die Wahrscheinlichkeit des Angepuptwerdens. »He!« »Ja, bitte?« »Sie da, Sportsfreund.« »Was kann ich für Sie tun?« »Das Zeug da aus dem Mülleimer wird sofort wieder rausgeholt, was sie da eben reingeschmissen haben.« »Warum sollte ich meinen Abfall aus einem Mülleimer wieder rausholen?« »Können Sie nicht lesen? Nur für Papierabfälle. Einwickelpapier für Speiseeis ist eine PVC-kaschierte Zelluloseverbindung und gehört nebenan in den Behälter. Nächstes Mal aufpassen, Freundchen!« Wenn nur jeder ein bisschen den anderen beobachtet, dann funktioniert unser Gemeinwesen wie geschmiert. Neben dem alten Blockwart-Rumgepupe, das sich hauptsächlich der Themen Falschparken und Rasenbetreten annahm, etabliert sich zusehends das moderne Öko-Rumgepupe. »Stellen Sie mal Ihren Motor ab, Sie Ökoschwein!« Wobei in diesem Falle Ökoschwein eine

Beleidigung ist und man so vor roten Ampeln gerne angepupt wird. »Muss das sein, hier im Park rauchen, wo auch Kinder rumlaufen?« Eine weitere moderne Variante ist das politisch korrekte Rumgepupe. »Das ist hier ein Frauenparkplatz, du Wichser!«, wird der Behinderte angepflaumt, der gerade seinen Rolli aus dem Kofferraum wuchten will. Und da müssen wir als zufällige Beobachter dieser Szene doch kurz lachen, wie sich der Rumpuper ein Eigentor reingesemmelt hat.

Carola Rönneburg

Meisterwerke des Bordrestaurantismus

Entspanntes Reisen in Deutschland ist generell nur am Nachmittag des 24. Dezembers möglich. Dann sind die Züge kaum ausgelastet, die wenigen Mitreisenden lesen Zeitung und schweigen. Ruhe und Gelassenheit herrscht in allen Waggons, auch im »Bordrestaurant, wo Sie Ihr Mitropa-Team gern erwartet« – und sogar bedient, das muss hier einmal gesagt werden. Zum weihnachtlichen Sonderpreis bekommt man einen Becher Kaffee und eine Scheibe Dresdener Christstollen. Man darf bloß nicht daran denken, dass der Christstollen für eines von Tausenden in Tücher gewickelten Kindern steht, die seinerzeit in Bethlehem ermordet wurden, dann schmeckt so eine Scheibe sehr gut.

Im Bordrestaurant liegen dann auch die herrlichen Mitropa-Weihnachtsfotopostkarten aus. Eines der schönsten Motive jüngeren Datums zeigte von links nach rechts: eine kurzhaarige Geschäftsfrau in cremefarbener Kostümjacke vor eisgeblümtem Fenster am weiß eingedeckten Mitropa-Tisch, darauf ein aufgeklappter Laptop. In der rechten Hand hält sie ein gefülltes Sektglas. Ein Kristallglas übrigens, wie es die Mitropa nie und nimmer in Gästefinger geben würde – andererseits wird dafür beim Fototermin auch kein echter Sekt ausgeschenkt worden sein. Um den Hals trägt Madame einen schwarzen Rollkragen, eine silberne Kette und eine Luftschlange. Hinter ihrem Stuhl postiert, prostet der gleichfalls luftschlangenbewehrte Mitropa-Kellner in die Kamera. Nun fällt der Blick des Betrachters auf die Mitte des Bildes. Hier, leicht in den Hintergrund gerückt und von einem Weihnachtsbaum flankiert, hütet Ömchen ihre zwei vorschulaltrigen Enkel. Und während die Enkelin hold lächelnd an einem Schleifenband zerrt, das hinter dem Kopf ihres Bruders endet, klammert der sich mit einem seltsam verzweifelten Gesichtsausdruck an einen Geschenkkarton. Würgt ihn seine Schwester mit der Schlinge? Hier scheint sich ein erster Hinweis auf die Übermacht des Weiblichen zu finden.

Bis zu diesem Moment könnte man die Anordnung der Personen fast harmonisch nennen – links die Repräsentantin der 1. Wagenklasse, die sich zuversichtlich dem Jahresausklang, dem Ende einer Epoche, aber auch der Zukunft stellt, rechts die 2. Klasse, fest verankert im familiären Wertesystem, symbolisiert durch das ihr zugeordnete Fest der Liebe –, aber eben nur fast. Denn da steht noch jemand im Raum, hier erfährt das Werk seinen wohlkalkulierten Bruch: Im Gegensatz zu allen anderen von Kopf bis Fuß abgebildet, strahlt vom äußeren Bildrand her eine weibliche Figur in den Raum.

Ich beschreibe ihr Auftreten von oben nach unten: rote Weihnachtsmannmütze mit weißem Pelzkragen; paillettenbesetzter Badeanzug mit gekreuzten Trägern, glitzernde, enganliegende Ärmelschoner mit Pelzbesatz; schwarze Strumpfhose, am Hinterteil ein weißer Puschel; rote Stulpenstiefel bis zu den Oberschenkeln – schmerzhaft wird nun auch dem flüchtigsten Betrachter deutlich, dass Mitropa, die Göttin des Geschmacks, nie existiert hat. Sondern immer nur eine »Mitteleuropäische Schlaf- und Speisewagen-Aktiengesellschaft«.

»Frohe Weihnacht und ein gesundes neues Jahr« gehört zu den Meisterwerken des Bordrestaurantismus. Seit ich diese Karten kenne, reise ich Heiligabend nicht mehr ohne Briefmarken, und ich möchte Sie sehr herzlich bitten, nach ihnen Ausschau zu halten und mir wenigstens ein Exemplar aufzuheben.

Außerhalb dieses Datums ist allerdings überhaupt nicht daran zu denken, späte Weihnachtsgrüße zu verfassen. Wer an den Weihnachtsfeiertagen einen der stets überfüllten Schnellzüge besteigt, hat sich hoffentlich einen Sitzplatz reserviert. Ärger erspart ihm das aber nicht. Zum Beispiel nützt es wenig, sich rechtzeitig einen Platz im Raucherabteil gesichert zu haben, weil schon bald ein Nichtraucher, meistens eine Nichtraucherin, zusteigt. »Ach Gott«, sagt sie laut, sobald sie die Tür öffnet, »das ist ja furchtbar.« Während sie ihre Taschen und Pakete verstaut, hüstelt sie ein paarmal demonstrativ. Dann setzt sie sich neben Sie, rückt aber auf den äußersten Rand ihres Sessels und wedelt hektisch mit einer Zeitung durch die Luft – obwohl gerade niemand raucht.

Wenn Sie nicht verrückt werden wollen, müssen Sie das aber bald tun. Der nächste Beitrag der Nichtraucherin zum allgemeinen Wohlbefinden lautet nämlich, sie habe ja »nichts mehr im Nichtraucher bekommen«. Da sei schon alles belegt gewesen, klagt sie, ohne einen der Mitreisenden anzusehen. Dann taucht gewöhnlich der Schaffner auf. Die Nichtraucherin legt für einen Moment die Zeitung beiseite und fischt ihren Fahrschein aus der Handtasche. »Ach bitte«, sagt sie und setzt eine Miene auf, als sei man ihr eben noch kollektiv zu nahe getreten, »gibt es vielleicht noch irgendwo einen Nichtraucherplatz?«

Natürlich gibt es den nicht. Sie weiß es, der Schaffner weiß es, alle Aktivraucher wissen es. In diesem Moment geht es aber auch gar nicht darum, ob ihr der Herr in Uniform weiterhelfen kann – in diesem Moment entscheidet sich die Frage, wer den Rest der Fahrt auf dem Gang verbringen soll. Deshalb müssen

Sie jetzt, unmittelbar nach der Fahrkartenkontrolle, eine Zigarette anzünden. Die schweigende Mehrheit des Abteils wird es Ihnen danken. Ich weiß das, denn ich bin in einer anderen Situation auch schon einmal von einem beherzten Mitreisenden beschützt worden. Da saß ein junger Mann hinter mir im Großraumwagen und langweilte sich so sehr, dass er bei jedem Halt ein Mobiltelefongebrüll führte. »Ich bin's …«, begann er in Göttingen, »ich bin im Zug, genau.« Und nach einer kurzen Pause: »Jetzt in Göttingen.« – »Ja, nach Berlin!« – »Um 21 Uhr 30!« – »Ja. Ich meld mich dann wieder!« Wäre es bei diesem einen Gespräch geblieben, hätte man nichts dagegen sagen können. Vielleicht wollte der lärmende Mensch nur abgeholt werden in Berlin, um 21 Uhr 30. In Fulda – »Ich bin's … im Zug, genau … gerade in Fulda … nach Berlin … um 21 Uhr 30!« – war ich mir da nicht mehr so sicher, und als auch noch ein außerplanmäßiger Halt den Zug stoppte und mein irrer Hintermann die Gelegenheit sofort nutzte, die Außenwelt erneut über seinen Verbleib in Kenntnis zu setzen, verwarf ich die Theorie vollends.

Es ist nicht schön, einer telefonierenden Pest ausgeliefert zu sein. Es ist wie im Kino, wenn der für die Vorstellung zuständige Idiot einen komischen Dialog niederlacht, weil er sich schon nach dem ersten Witz nicht mehr zusammenreißen kann: Unwillkürlich entwickelt man Angst vor der nächsten Pointe. Bei mir löste die Ankündigung des Zugpersonals, dass wir in wenigen Minuten einen weiteren Bahnhof erreichen würden, eine Panikattacke aus. Gleich geht es wieder los, dachte ich, gleich ist Ichbins wieder dran. Er wählte auch schon, ich konnte Gepiepse hören. Doch bevor das Unvermeidliche geschehen konnte, trat mein Held auf den Plan. Ein beleibter Mann, der sich plötzlich über den Sitz der Nervensäge beugte und mitten in dessen einleitende Worte donnerte: »Er ist jetzt in Kassel und um halb zehn in Berlin! Er meldet sich wieder! Aber er wird bis Berlin nicht mehr telefonieren!« Es gab einen kurzen Szenenapplaus im Wagen, und dann herrschte tatsächlich Ruhe bis Berlin.

Mittlerweile hat sich die Bahn dieses Problems angenommen und Ruhezonen eingeführt. Man darf jetzt nur noch an speziell ausgewiesenen Plätzen telefonieren – ich halte das für eine enorme Verbesserung, besonders, da der Bahn sonst so wenig zuzutrauen ist.

Zum Thema »Bundesbahn bizarr« gehört zum Beispiel die Frage, warum auf den Gängen nicht mehr geraucht werden darf, im Wickelraum aber ein gigantischer Aschenbecher in die Verkleidung eingelassen ist; genauso wenig begreife ich, warum man ausgerechnet im Videowaggon rauchen darf, den eben genau deshalb niemand freiwillig räumt – dabei könnte man hier ganz hervorragend hyperaktive Fünfjährige ruhigstellen. Die aber müssen wegen Bodennebels draußen bleiben, wo sie dann lärmen und Unheil anrichten. Gerade auf den erwähnten Weihnachtsfahrten: Einige Mütter animieren ihre lieben Kleinen, inmitten von Koffern und Reisenden ihr neues Spielzeug auf dem Gang auszubreiten, und beanspruchen wie selbstverständlich einen großzügig bemessenen Platz dafür. Aber wehe, Sie setzen Ihren Fuß versehentlich auf einen Legostein oder ein Playmobil-Männchen, einfach, weil Sie bei einer notwendig gewordenen Klettertour auch einmal irgendwo auftreten müssen: Nicht einmal ein Fünfjähriger kann so empört schreien wie seine Mutter.

Und noch eine Anmerkung zum Gepäckwesen. Natürlich sind alle Reisenden zu dieser Zeit in jeder Fahrtrichtung mit Geschenken beladen; sei es, um sie abzugeben oder um sie nach Hause zu tragen. Es bietet sich also an, den sogenannten Haus-zu-Haus-Service der Bahn in Anspruch zu nehmen. Ich möchte hiervor ausdrücklich warnen, denn er lindert keine Not. Zwar darf man sein Gepäck aus der Wohnung holen und an eine Adresse seiner Wahl liefern lassen – um diesen Transport in die Wege zu leiten, genügt aber kein Anruf. Da müssen Sie schon persönlich auf dem Bahnhof vorstellig werden und ein Anmeldeformular ausfüllen. Ich würde es aber nicht wagen, bei dieser Gelegenheit die Tasche schon mitzubringen. Da ist sicherlich noch eine Vorschrift, die das verbietet.

Eric T. Hansen

Die deutsche Wirtschaft

An einem schönen Sonntagmorgen saßen in einer hellen Altbauwohnung mitten in Berlin sechs Freiberufler beim Frühstück zusammen: ein freier Journalist ohne Auftrag, eine Dokumentarfilmemacherin zwischen zwei Filmen, eine Theater- und Drehbuchautorin mit einem abgelehnten Exposé, ein Programmierer mit Popmusikambitionen, ein Taxifahrer, der Germanistik studiert hatte und ab und zu Radiobeiträge schrieb. Wie so oft in solchen Situationen widmete sich das Gespräch bald der Lage der Nation. Und die sah so aus:

Vor fünf Jahren gab es mehr Aufträge, heute dagegen müssten wir alle doppelt so viel arbeiten und verdienten dabei nur die Hälfte. Deutschland vergreise, die Arbeitsstellen wanderten nach Polen, unsere Rente wird ein Witz. Wo sollte das noch enden? Es war nur eine Frage der Zeit, bis wir bei dem apokalyptischen Thema »Neue Armut« landeten – einem Wort, das seit neuestem durch die Presse geisterte.

Armut in Deutschland? Das machte mich neugierig. Ich kannte Bilder der Armut aus Indien, Brasilien, sogar aus den Ghettos meines eigenen Landes, aber deutsche Armut kannte ich noch nicht. Ich schaute mich um.

Auf dem Tisch standen Sektflaschen und eine Karaffe mit frisch gepresstem Orangensaft aus einem silbernen Bosch-Küchengerät, Parmaschinken und italienische Salami, eine Auswahl an geräuchertem Käse aus Frankreich. Ich hatte importierten Ahornsirup mitgebracht und amerikanische Pfannkuchen gebacken. Zum Dessert gab es Bio-Kuchen mit tropischen Früchten.

Plötzlich schien mir alles ein surrealistisches Schauspiel zu sein, in dem rosa Nashörner durch das Bild stolzieren, ohne dass es einer merkt. Wo war nun diese neue Armut? Irgendwo hinter den importierten Weinen versteckt? Im anderen Zimmer mit dem Home Entertainment System? Das war aber eine verdammt gut getarnte Armut.

»Leute«, bemerkte ich zaghaft, »kann es sein, dass ihr euch in etwas reinsteigert?«

Da verstummte ihr fröhliches Gespräch. Alle schauten sich betroffen um. Endlich sagte der Taxifahrer: »Fünf Millionen Arbeitslose. Das kannst du nicht einfach ignorieren.«

»Wenn es gestern eine Million waren und heute fünf, dann würde ich eine gewisse Panik verstehen«, sagte ich. »Aber das hier – in Amerika nennen wir so was eine Flaute. Aber Armut? Stopft einer in diesem Raum seine Socken noch selbst?«

»Na, na«, sagte die barfüßige Dokumentarfilmerin.

»Außerdem«, meinte ich, »das ist nicht eure erste Krise. Ihr habt schon tiefer im Schlamassel gesteckt und seid blendend daraus hervorgegangen. Viel besser, als man vorausgesagt hat.«

»Du sprichst das Wirtschaftswunder an«, meinte der Taxifahrer. »Aber das geht nicht auf unser Konto. Ihr Amerikaner habt uns so viel Geld in den Hintern geschoben, dass die Wirtschaft gar nicht anders konnte, als sich zu erholen. Diesmal aber liegt es an uns, zum ersten Mal, und schon merken wir, dass wir es nicht gebacken kriegen.«

Als Amerikaner bin ich vielleicht kein besonders feinfühliger Mensch, doch selbst ich spürte den Stimmungsumschwung. Bis jetzt war die Diskussion zwar negativ, jedoch beschwingt gewesen. Kaum gab ich meinen Senf dazu, wurde alles ernsthaft. Mit meiner Besserwisserei hatte ich das fröhliche Beisammensein total verdorben.

Zum Glück wusste die arbeitslose TV-Autorin, was zu tun war. Sie lachte und sagte: »Ach, ihr Amis mit eurem Positivismus!«

Daraufhin ging die gutgelaunte Jammerei fröhlich weiter, und der Sonntag war gerettet.

Mir aber ließ das keine Ruhe. Ich wollte wissen, wie die Deutschen wirklich dastehen.

Kurz darauf stieß ich auf das Büchlein *Pocket World in Figures 2005*, herausgegeben von der englischen Wirtschaftszeitschrift *The Economist*. Es besteht aus purer Statistik, liest sich jedoch spannender als ein Krimi. Insgesamt werden 180 Länder in 232 Kategorien wie Top-Alkoholkonsumländer, Top-Scheidungsländer und Top-Wasserverschmutzer eingeteilt und miteinander verglichen. Es ist wie eine dieser polizeilichen Gegenüberstellungen, die man aus dem Kino kennt, wo eine Handvoll zwielichtiger Gestalten vor einer Wand aufgereiht werden und der Zeuge den Täter identifizieren muss. Wer wissen will, welche Gemeinsamkeiten Deutschland mit Hongkong (fast genauso viele Computer pro Haushalt) oder mit Indien (Deutschland produziert fast ebenso viel Fleisch) hat, sollte einen Blick hineinwerfen. Er wird Augen machen. Die erste Überraschung: Unter den 40 Ländern mit der höchsten Arbeitslosigkeit der Welt kommt Deutschland gar nicht vor. Das soll natürlich nicht heißen, dass die deutsche Arbeitslosenrate kein Problem ist. Es heißt bloß, dass die deutsche Arbeitslosenrate ein Problem ist, auf das etwa die Hälfte der Welt ziemlich neidisch ist.

Wenn ich aufgrund dieser Listen eine Art vorläufiges psychologisches Gutachten von Deutschland erstellen müsste, würde ich sagen: Deutschland will immer zu den Gewinnern gehören, aber nicht zu den Allerersten.

Es fällt auf, dass Deutschland selten die Top 10 verlässt und fast nie die Top 20. Auch in den Bereichen, wo die Deutschen sich für besonders schlecht halten, geht es ihnen im internationalen Vergleich immer noch gut. Doch Platz eins vermeiden sie, wie die Millionärsgattin vermeidet, in guter Gesellschaft mit ihren Diamanten anzugeben. Nur in einer einzigen Liste sind die Germanen führend: Bei den Olympischen Winterspielen 1924 bis 2002 haben sie insgesamt mehr Medaillen abgestaubt als alle anderen, als wollten sie der Schweiz mal zeigen, wer hier der Chef ist.

Einige Platzierungen haben mich echt überrascht. Die Deutschen glauben, sie halten sich wacker im Geschlechterkampf, aber unter den Ländern mit der höchsten Gleichberechtigung schaffen sie es nur auf Platz 15. Sie halten sich ebenso für große Pazifisten, doch die Bundeswehr hat mehr Soldaten als die Armeen Englands oder Frankreichs (allerdings sind deutsche Soldaten schlechter ausgerüstet und müssen ihre Socken selber stopfen). Auch in Sachen Umwelt ist Deutschland nicht ganz das, was es zu sein glaubt: Auf der Liste der elf effizientesten Energiekonsumenten kommt es gar nicht vor. (Die USA natürlich auch nicht: Da sie die größten Energiekonsumenten der Welt sind, ist das technisch leider unmöglich.) Alle reden von der Wichtigkeit des Öls in der amerikanischen Außenpolitik, doch die USA importieren nur 25 Prozent ihres Energiebedarfs, Deutschland dagegen 62 Prozent.

Bei uns in Amerika genießen die Deutschen den Ruf, die größten Zecher der Welt zu sein. Hier macht das Buch Unterschiede. In Sachen Bierkonsum kommt Deutschland an dritter Stelle nach den Tschechen und Iren, beim Weinkonsum erst an 13. Stelle. Frankreich steht auf dieser Liste übrigens auch nicht ganz oben, sondern Luxemburg. Interessanterweise führt Luxemburg auch die Liste des Gesamtalkoholkonsums an. Das wirft Fragen auf. Trinken die Luxemburger aus Nervosität, weil die deutschen Steuerbehörden jeden Moment anklopfen könnten? In puncto Gesamtalkoholkonsum schafft Deutschland übrigens eine achtbare fünfte Stelle – lange vor Russland, das weit abgeschlagen auf Platz 15 landet. Die USA kommen auf dieser Liste, die 23 Länder umfasst, gar nicht vor – dafür liegen sie ziemlich weit vorne beim höchsten Marihuanakonsum der Welt.

Ein Klischee stimmt wohl doch: Die Deutschen lieben Hardware mehr als Software. Sie besitzen fast doppelt so viele CD-Player pro Haushalt wie die Amerikaner, kaufen aber nur halb so viele CDs wie sie. Was treiben sie also den ganzen Tag mit ihren CD-Playern? Sie spielen mit den Knöpfen, natürlich. Manchmal zu zweit. Manchmal allein.

Aber keine Sorge, auch meine Heimat hat mit gravierenden Unterschieden zwischen Statistik und Selbstbild zu kämpfen.

Amerika besitzt zum Beispiel nicht die größte Armee der Welt. Die hat China. Die USA stecken zwar viel Geld in ihr Militär, aber gemessen an Prozenten ihres Bruttoinlandsproduktes investieren sie weniger als Nordkorea, Russland, die Türkei, Kuba oder die Vereinigten Arabischen Emirate (ist es Zufall, dass diese Liste eine gewisse Ähnlichkeit mit der Liste unserer »Schurkenstaaten« aufweist?). Wir Amerikaner sind zudem überzeugt, unsere Heimat sei in Sachen zukunftsweisender Technologie grundsätzlich führend. Nun, leider ist das auch nicht wahr. Japan, nicht Amerika, meldet die meisten Patente im Jahr an. Die eifrigsten Nutzer von Mobil- und Festnetztelefonen, Internet und Computer sind die Skandinavier, besonders die Isländer. Wer wissen will, warum diese Länder so fortschrittlich sind, muss nur die Liste der Forschungsausgaben anschauen: Schweden investiert 3,6 Prozent seines Bruttoinlandsprodukts in Forschung und Entwicklung, während die USA nur 2,8 Prozent dafür ausgeben und Deutschland noch weniger, nämlich 2,5 Prozent.

Überhaupt, die Skandinavier. Sie tauchen immer wieder dort auf, wo man sie am wenigsten erwartet. Es sind in der Tat die USA, die die meisten ersten Plätze auf den Listen belegen – aber nicht unbedingt auf den wichtigsten. Die USA haben die bei weitem größte Wirtschaft der Welt und stehen ganz oben bei Bodenschätzen. Doch sobald es um Lebensqualität geht, sind wir Amerikaner genau wie die Deutschen immer auf die unteren Ränge der Top 10 verbannt. Das am wenigsten korrupte Land der Welt ist Finnland. Das beste Land für Frauen, gemessen an der Gleichheit der Geschlechter, ist Norwegen. Überhaupt Norwegen: Laut dem *Human Development Index* ist die Lebensqualität dort am höchsten. Der Durchschnittsnorweger ist zwar gemessen am Bruttoinlandsprodukt nicht der reichste Mensch der Welt, aber er ist der reichste Durchschnittsbürger, der nicht am Tropf der deutschen Steuerlücken hängt. Nur der Luxemburger ist reicher als der Norweger, aber sein Reichtum ist dadurch getrübt, dass er bloß nachts aus dem Haus gehen darf, um den deutschen Steuerbehörden aus dem Weg zu gehen.

Deutschland ist nicht das modernste Land der Welt, aber es gehört zum Club: Auf der Liste der höchsten wirtschaftlichen Kreativität und Forschung belegt es Platz zehn und auf der Liste der meisten Patentanmeldungen Platz fünf. Trotz der traditionellen Macht der Bauern liegt Deutschland auf Platz sieben bei den Ländern, die von ihrer Landwirtschaft am wenigsten abhängig sind. Deutschland hat nicht mehr Geld als alle anderen, aber viel mehr als die meisten: Auf der Liste der karitativsten Länder der Welt ist es die Nummer vier, bei den höchsten Ausgaben für Gesundheit liegt es bei Nummer sechs.

Jetzt verrate ich Ihnen ein Geheimnis, das außerhalb von Deutschland jeder weiß: Gemessen am Bruttosozialprodukt ist Deutschland eines der fünf einflussreichsten Länder der Welt, nach manchen Rechnungen sogar das drittreichste Land. Zudem ist es das wohlhabendste und wirtschaftlich mächtigste Land Europas und neben Japan der reichste Verbündete Amerikas. Und das trotz Arbeitslosigkeit und wirtschaftlicher Probleme.

Man fragt sich, woher es kommt, dass Deutschland solch eine wirtschaftliche Macht besitzt. Sämtliche Faktoren, die die USA reich machen, kommen hier überhaupt nicht vor. Deutschland hat keine besonders große Bevölkerung und noch weniger Fläche. Es steht auf ganz wenigen der Top-10-Listen für Bodenschätze, dafür auf fast allen Top-10-Listen für Konsum von Bodenschätzen. Was macht dieses Land so reich? Die Heinzelmännchen?

Ich rief die *Economist Intelligence Unit* in London an, die das Buch herausgegeben hat, und fragte den Leiter für Western Europe, Charles Jenkins.

Er sagte nur ein Wort: Exporte.

»International wird eine Wirtschaft an ihren Exporten gemessen«, erklärte er. »Anderen Ländern ist es egal, wie es der Binnenwirtschaft eines Landes geht. Deutschland ist ein Land mit einer starken Exportwirtschaft und hält sich gut gegen die Konkurrenz. Es ist der drittgrößte Exporteur der Welt, ein *Major Player* im Welthandel, und gemessen an seiner Bevölkerung ist sein Exportstandard überproportional groß. Der Grund, warum die Deutschen mit Exporten so erfolgreich sind, ist, dass sie gut in der Produktion sind und insgesamt im Geschäftemachen.«

»Ist das nicht trügerisch?«, fragte ich. »Die Autos tragen noch deutsche Markenzeichen, sind aber aus Teilen zusammengebaut, die in China hergestellt werden. Das bedeutet wirtschaftliche Hochkonjunktur für bestimmte große Konzerne, aber die Jobs sind alle im Ausland. Was nützt eine tolle Wirtschaft, wenn keiner Arbeit hat?«

»Teile, die im Ausland hergestellt werden, werden auch als Importe erfasst«, sagte er, »und trotzdem liegen die Exporte deutlich über den Importen. Das heißt, eine überproportional große Menge an Gütern wird in Deutschland hergestellt, das gilt übrigens auch für Dienstleistungen.« Er meinte, die Billigjobs wandern ab, aber die teuren, qualifizierten Jobs nehmen zu. Es handelt sich also weniger um einen Arbeitsplatzschwund als um eine Arbeitsmarktumstellung.

»Wenn ein Land sich auf den Export beschränkt, ist das nicht wie eine Monokultur?«, fragte ich. »Was passiert, wenn der Export zusammenbricht? Dann bricht die ganze Wirtschaft zusammen.«

»Was glauben Sie, wann sind wir so weit, dass die Länder der Welt aufhören, Waren zu importieren?«

Jetzt wurde mir das Gespräch peinlich. Ich lenkte über zu der Frage, wie er die Vorteile und Nachteile der deutschen Wirtschaft einschätze.

»Im Vergleich zur angelsächsischen Welt haben die Deutschen einen klaren Nachteil, weil Englisch nicht ihre Muttersprache ist«, bemerkte Jenkins – ohne jede Spur von Ironie. Andere Nachteile seien die Schwierigkeiten bei der Integration der Immigranten und beim Schulsystem. »Ich denke, ihre höhere Bildung braucht weitreichende Reformen«, meinte er. Andererseits habe Deutschland eine gute Infrastruktur: »Transport, Telekommunikation und Energie schneiden gut ab im Vergleich zu anderen Ländern, einschließlich England«, sagte er. Und die deutsche Forschung sowohl im staatlich geförderten wie auch im privatwirtschaftlichen Bereich stehe gut da.

Er gab zu, es sei enttäuschend, dass Deutschland länger als gedacht brauche, um sich zu erholen. Das bedeute aber nicht, dass es mit dem Land irgendwie bergab ginge. Es gehe nur langsamer bergauf, als wünschenswert sei. Diese Langsamkeit habe Tradition. Wenn die Deutschen gut damit leben können, müsse man das halt akzeptieren.

»Trotzdem sind sie konkurrenzfähig und spielen eine wichtige Rolle in der Weltwirtschaft«, sagte er. »Ich denke, in ein paar Jahren wird alles besser aussehen, aber wenn sie fest entschlossen sind, alles nur negativ zu sehen, bin ich sicher, sie werden die Möglichkeiten dazu finden.«

Ich muss zugeben, es nervte mich, dass ich erst durch einen Engländer erfahren musste, wie wichtig Export für Deutschland ist. Das entsprach überhaupt nicht meinem Bild. Ich war gar nicht so sicher, dass Jenkins recht hatte. Also rief ich die Bundesbank an und fragte, wie viel des deutschen Bruttoinlandsprodukts auf Exporte zurückgehe. Die Antwort: 38 Prozent. Nun, das ist tatsächlich eine bedeutende Zahl. Aber ich stellte mir vor, die amerikanische Wirtschaft, die mit dem ganzen Zeugs von McDonald's, Coca-Cola und Microsoft der größte Exporteur der Welt ist, könnte eine ähnliche Ziffer aufweisen. Also rief ich das U.S. Department of Commerce in Washington an. Nein, kam die Antwort, der Exportanteil an der amerikanischen Wirtschaft ist nicht annähernd so hoch, sondern viermal kleiner: knapp zehn Prozent unseres Bruttoinlandsprodukts.

Mit anderen Worten, der deutsche Export bewegt sich überhaupt nicht in normalen Bahnen. Jeder dritte

Euro, jede dritte Arbeitsstelle in Deutschland hängt davon ab.

Woher stammt dann um Himmels willen der Eindruck, dass der hiesige Export das Nebensächlichste der Welt sei? Ich musste es wissen. Eine ganze Woche lang schaute ich also eine seriöse Nachrichtensendung nach der anderen an und lernte über die Deutschen, dass ihre Manager alle korrupt sind, ihre Politiker alles falsch sehen, ihre Arbeiter, Angestellten und Beamten ausgebeutet werden und dass sie sowieso bald alle aussterben. Nach sieben Tagen war mir klar, dass Deutschland tatsächlich am Abgrund steht. Dennoch gelang es mir nach ein paar Tagen Bettruhe, einige Daten auszuwerten:

Wie man in die Wirtschaftsnachrichten der öffentlich-rechtlichen Sender kommt

1. Man ist Politiker. Wenn eine russische Pipeline gelegt wird oder eine neue internationale Zusammenarbeit in der Raumfahrt beschlossen wird, ist es völlig uninteressant, solange kein Politiker auftaucht. Im Allgemeinen wird der Eindruck erweckt, die Politiker, nicht die Manager, steuerten die Wirtschaft. Welche Firmen die eigentliche Arbeit machen, ist uninteressant.
2. Man hat ein soziales Anliegen. Arbeitsplatzabbau, Streiks, Proteste, soziale Kürzungen und Tarifverhandlungen, auch negative Folgen der Globalisierung sind nachrichtentauglich. Wenn Unternehmen unheimlich viel Geld verdienen und Arbeitsplätze schaffen, ist das zwar wichtig, aber erst wenn der Gewerkschaftsvertreter sagt, dies sei ein Schritt in die falsche Richtung, kommt es ins Fernsehen.
3. Man ist ein kerniger Bergarbeiter, Stahlgießer oder

Landwirt. Diese Bereiche haben zwar mit der modernen deutschen Wirtschaft so gut wie gar nichts mehr zu tun, aber die Fernsehanstalten haben optisch sehr reizvolle Archivbilder von Stahlgießereien, Männern auf Traktoren und staubigen Kumpels, die sie jederzeit einsetzen können und die immer Eindruck machen.

4. Man ist in einen aufregenden Skandal verwickelt. Ein Gerichtsverfahren wird eingeleitet, Anleger wurden betrogen, ein Starmanager stürzt ab. Alles, was eine moralisch aus den Fugen geratene Wirtschaft zeigt, eignet sich für eine saftige Reportage. Nur in den Bereichen Politik, Kultur und Wetter sind auch ab und zu positive Nachrichten zugelassen.
5. Man erlebt einen großen Gewinn oder großen Verlust auf dem Aktienmarkt. Hier sind wir beim Kern der Wirtschaftsnachrichten: Das *heute-journal* widmet jeden Tag ein paar Sekunden der Börse, wobei der Reporter regelmäßig einen spektakulären Gewinner oder Verlierer herauspickt und in zwei Sätzen launig den Hintergrund umreißt. Einem gerissenen PR-Manager gelingt es vielleicht mit Ach und Krach, seine Firma in der Sendung zu lancieren, die Konkurrenz um dieses Zeitfensterchen ist allerdings groß.

Ich konzentrierte mich also auf die Börsennachrichten. Hier kamen zwar die großen internationalen deutschen Firmen zu Wort, doch irgendwann fiel mir etwas Seltsames auf. Immer wieder hörte man von weltweit aktiven Firmen, doch stets fehlte etwas. Als man vom Siegeszug des Flachbildschirms berichtete, wurde die Firma Merck als Aktienstar gefeiert, weil sie die wichtigsten Patente für die Flüssigkristalle hält, die zu deren Herstellung notwendig sind. Als Beispiel wurde eine deutsche Firma angeführt: Jedes Mal, wenn Loewe einen Flachbildschirm verkauft, geht ein Anteil an

Merck. Das ist ja ein Supererfolg. Aber Moment mal: Handelte es sich lediglich um ein deutsches Patent? Ich rief Merck an und erfuhr, dass ihre Patente weltweit gelten. Der Berichterstatter hatte vergessen, das Wort »weltweit« zu erwähnen: Für jeden Flachbildfernseher, den Sony, Samsung, Sharp und viele andere weltweit verkaufen, strömt Geld in die deutsche Kasse. Nun gut, deutsche Chemieunternehmen sind im internationalen Vergleich nicht mehr die Riesen, die sie einmal waren, aber nur ein einziges Wort, und schon hätte man Mercks Bedeutung auch außerhalb Deutschlands vermitteln können. Stattdessen wurde die Firma als »Familienunternehmen« beschrieben.

Wir Amerikaner mit unseren läppischen zehn Prozent Exportanteil denken genau umgekehrt. Wir ergreifen jede Gelegenheit, die weltweite Beliebtheit unserer Produkte zu betonen, bis wir am Ende selber glauben, dass keiner so viel exportiert wie wir. Und alle anderen glauben es auch. Sie kennen den alten Witz, Amerika sei das einzige Land, das seine Sportmeisterschaften *»World Series«* (beim Baseball) nennt und den Rest der Welt nicht dazu einlädt. Und wenn ein Buch nur von ein paar Lesern in einem einzigen fremden Land gekauft wird, steht auf dem Umschlag: *International Bestseller*. O nein, wir halten mit unserem Einfluss auf die Welt nicht hinterm Berg.

Die Deutschen dagegen verstecken ihre weltweite Bedeutung sogar vor sich selbst.

Ich rief den Bundesverband des deutschen Groß- und Außenhandels an und fragte, was für Produkte außer Bier und Autos dieses Land eigentlich ausführt. Ich hätte gedacht, mindestens diese Leute wären stolz auf Deutschlands Exporte und hätten vielleicht eine kleine Broschüre verfasst, die diese großartige Leistung in die Welt hinausposaunt. Doch eine derartige Erhebung gibt es nicht.

Als Nächstes probierte ich es beim Bundesministerium für Wirtschaft und Technologie. Sie konnten zwar bestätigen, dass Deutschland eine Menge exportiert, aber konkrete Namen von gefragten Produkten im Ausland hatten sie nicht. Die Bundeszentrale für politische Bildung, Wirtschaftsabteilung, hatte keine Ahnung, wunderte sich aber mit mir, dass sie keine Ahnung hatte. Das German American Chamber of Commerce in New York, das deutsche Firmen inAmerika vertritt, verwies mich an den Bundesverband des deutschen Groß- und Außenhandels, der mich dezent darauf hinwies, dass ich schon mal angerufen hatte.

Das Statistische Bundesamt konnte mir immerhin sagen, welcher Art die Exporte sind. Der größte Bereich ist der Maschinenbau. 51 Prozent der deutschen Ausfuhren sind solche Dinge wie »Straßenfahrzeuge« und »Arbeitsmaschinen für besondere Zwecke«. Der nächste Bereich umfasst nur 13 Prozent – bearbeitete Waren (»Eisen und Stahl«, »Kork und Holzwaren«, »Waren für vollständige Fabrikationsanlagen«) und nochmal 13 Prozent an chemischen Erzeugnissen. Das Bier-Klischee stimmt nicht: Nur 0,4 Prozent der Ausfuhren entfallen auf Getränke.

Als ich nach Details fragte, biss ich auf Granit.

»Was ist eine ›Arbeitsmaschine für besondere Zwecke‹? Ein Roboter? Teil einer Fertigungsstraße?«

»Das kommt darauf an«, sagte mein Ansprechpartner.

»Sie sagen ›Maschinenbau‹, aber was sind das denn genau für Produkte?«, fragte ich. »Wer stellt sie her, in welche Länder werden sie exportiert? Werden sie dort gefahren, werden sie dort in größere Maschinen eingebaut? Habe ich in meinem Leben schon solche Maschinen gesehen?«

»Wir können solche Details nicht nennen, weil sie

den Datenschutzverordnungen unterliegen«, erläuterte er.

Datenschutz. Vielleicht ist das der Grund, warum die Deutschen so wenig über ihre eigene Wirtschaft wissen. Selbst Produkte, die frei verkauft werden, dürfen nicht öffentlich genannt werden. Das macht es natürlich schwer für den Kunden:

Kunde: »Ich würde gern eine Arbeitsmaschine für besondere Zwecke kaufen.«

Verkäufer: »Ich habe welche, darf ihnen aber aus Datenschutzgründen nichts darüber sagen.«

Kunde: »Und wohin soll ich dann das Geld überweisen?«

Verkäufer: »Die Kontodaten darf ich Ihnen leider nicht nennen, aber so viel kann ich Ihnen verraten: Es ist in Luxemburg.«

Ich forschte weiter. Bald stieß ich auf ein Buch von Rüdiger Liedtke mit dem Titel *Wem gehört die Republik?* Der Titel täuscht. Diese jährliche Sammlung von Daten über die 100 größten deutschen Konzerne sollte besser heißen: Wem gehört die Welt? Es gibt kaum eine Seite in diesem Buch, auf der keine amerikanische, französische, kroatische, russische, thailändische oder kanadische Tochter einer deutschen Firma genannt wird. Bosch-Geräte werden u.a. in Spanien, der Türkei, Indien und Australien hergestellt. Heidelberg Cement hat Birmingham, Paris, Brüssel, Istanbul und Wilmington/USA fest im Griff. Bei Duschbädern ist Henkel in ganz Europa führend, vor allem mit der Produktlinie Fa, und was lese ich hier? Mein Gott, Henkel hat unsere gute alte Seife Dial Soap geschluckt. Das geht zu weit. Ich erinnere mich noch gut, wie sehr ich als Junge ihre TV-Werbung verehrte: *»Aren't you glad you use Dial?«* Ich hatte kein Problem damit, als die Deutschen unseren größten Verlag Random House und unseren Auto-Giganten Chrysler übernahmen, aber wenn die Dial-Werbung fortan von deutschen Werbekreativen verfasst wird, schaue ich nie wieder fern.

Man kann beinahe jede größere deutsche Markenfirma anrufen, und sie wird zugeben: Ja, wir sind im Ausland vertreten. Wenn ein Amerikaner hundert Jahre alte Naturheilkräuterauszüge will, kauft er Kneipp, und wenn er eine schicke Küche will, kauft er seine Messer von Zwilling. Schiesser vertreibt teure Sportwäsche in zwei Dutzend Länder, Villeroy und Boch verkauft Luxustoiletten in 125 Länder. An amerikanischen Unis wird jede Nacht Jägermeister auf Eis getrunken. Hohners Mund- und Ziehharmonikas, Margarete Steiffs Teddybären und Hummels Figürchen sind weltweite Sammelobjekte. Es gibt kaum noch Flughäfen auf der Welt, wo man nicht Lamy-Kugelschreiber, Melitta-Kaffeefilter, Miele-Waschmaschinen, Boss-Anzüge, Leica-Kameras und Zeiss-Linsen kaufen kann. Wenn Sie in der Hauptstadt irgendeines kleinen afrikanischen Landes keine Boss-Anzüge, Leica-Kameras und Lamy-Kugelschreiber auftreiben können, fragen Sie einfach den Schwiegersohn des Präsidenten, er sagt Ihnen schon, wo Sie sie kriegen. Es gibt kaum noch einen Hollywood-Film, der nicht mit einer Kamera des Münchener Herstellers Arri gedreht wird – dieser hat gut 85 Prozent des Weltmarkts für Kinokameras im Griff (auch wenn im Abspann »Panavision« steht, denn Panavision kauft seine Kameras meist von Arri).

Ich durchforstete die Zeitungen. Man spricht hierzulande gern von Innovationsfaulheit, aber auch in den modernsten Bereichen haben sich Deutsche der Konkurrenz gestellt. Die Oberhausener Firma Nanofocus stellt Nano-Messtechnik und -Mikroskope her, mit denen Kunden 3-D-Darstellungen von Oberflächenstrukturen bis in den Molekularbereich am Bildschirm rekonstruieren können. Das FBI benutzt ihre Messgeräte, um abgefeuerte Geschosse miteinander zu vergleichen. Denken Sie daran, wenn Sie das nächste Mal CSI gucken. Laut *New York Times* hat Deutschland im Irakkrieg trotz einer gewissen politischen Reserviertheit über hundert Aufträge vom amerikanischen Militär bekommen, unter anderem für einen Stoff, der für die Herstellung von ABC-Schutzanzügen erforderlich ist und nur hierzulande hergestellt wird. Deutschland produziert nicht so viel Rüstungstechnik wie die USA, aber es gehört zu den Top-10-Produzenten und kann Dinge herstellen, die man sonst nirgends bekommt.

Exportieren die Deutschen denn überhaupt keine billigen T-Shirts oder Plastikspielzeuge, die sofort nach dem Kauf auseinanderfallen? Selbst die preiswerten deutschen Autos neigen dazu, teurer als alle anderen zu sein. In Amerika stellen wir einerseits High-End-Produkte wie die Corvette her, aber auch billige Schrottautos. Es wird doch sicher auch in Deutschland Billigware produziert, dachte ich, aber auf Anhieb fand ich nichts. Irre ich mich, oder ist die deutsche Produktion ein wenig einseitig?

»Deutschland hat sich auf eine ›diversifizierte Qualitätsproduktion‹ spezialisiert«, sagt Werner Abelshauser, Wirtschaftshistoriker an der Universität Bielefeld und Autor des Buches *Kulturkampf*. »Man fertigt nicht in erster Linie für die Massenmärkte wie einst die Amerikaner oder heute die Chinesen, sondern Produkte auf einem sehr hohen technologischen Standard.«

In der sogenannten SITC-Liste nennen die Vereinten Nationen über 4000 Export-/Importwaren – von Fisch über Schrauben bis Zigarettenpapier –, die im Welthandel eine Rolle spielen. Sie lassen sich in gut 700 Teilmärkte zusammenfassen. Laut Abelshauser liegt die Exportstärke der deutschen Wirtschaft auf rund 300 dieser Märkte, vor allem in Maschinenbau, Chemie, Elektrotechnik und Fahrzeugbau. »Auf diesen

Märkten ist Deutschland immer auf einem der ersten drei Plätze«, betonte er.

Ich stellte Abelshauser die gleiche Frage, die ich Jenkins gestellt hatte: ob es nicht gefährlich sei, zu sehr von einer einzigen Einnahmequelle – nämlich vom Export – abhängig zu sein?

Er war amüsiert: Dies sei die typische Globalisierungsfrage, die seit über hundert Jahren herumgeistere. Man glaubt, die Globalisierung sei ein aktuelles Problem, aber sie ist so alt wie die Industrialisierung. Die Angst davor ebenso. Man kann sogar behaupten, die heutige Wirtschaft ist nur deswegen so überreguliert, weil man vor hundert Jahren so viel Angst vor der Globalisierung hatte.

»Deutschland ist schon seit Ende des 19. Jahrhunderts ein Exportland«, erklärte er. »Schon in den 1880ern gab es heftige Diskussionen über die Chancen und Grenzen des Exports und über die moralischen Gefahren, also eigentlich über die Probleme der Globalisierung. Bis dahin war die deutsche Wirtschaft liberal geprägt – es wurde viel Wert auf Freihandel gelegt, man lehnte Zölle ab. Ende des 19. Jahrhunderts gab es dann Börsencrashs in New York, Wien und Berlin. Das war der Anlass für eine Wende in der Wirtschaftspolitik und im Denken. Jetzt wurde die liberale Position sehr stark diskreditiert. Seitdem gelten Wettbewerb und Konkurrenz im Allgemeinen und die Börse insbesondere als leicht unmoralisch.«

In den Gründerjahren unter Bismarck gab es einen Aufschwung, der nur geschlagene vier Jahre währte. Er wurde durch den gewonnenen Krieg 1871 gegen Frankreich vorangetrieben: Die Franzosen mussten Reparationszahlungen leisten, und das Geld floss direkt oder indirekt in die Wirtschaft. Plötzlich gab es Investoren, die nach Anlagemöglichkeiten suchten für ihren tollen neuen Gewinn. Gleichzeitig fielen Gesetze, die Investitionen begrenzten und Aktiengesellschaften regelten. Auf einmal wollten alle Aktien kaufen, vom Fürsten bis zur Hausmagd. Sie waren mehr als bereit, auf Betrüger und Blender mit großen Versprechungen hereinzufallen. Es war wie beim Neuen Markt in den 1990ern: Damals wie heute wussten die Privatinvestoren kaum etwas über das Kapitalwesen.

Eines Tages notierte die Börse in Wien ihre Kurse mit Strichen statt mit Zahlen. Deutsche Spekulationsbanken gaben bekannt, dass sie kein Geld mehr hatten. Die Arbeitslosigkeit stieg ins Unermessliche, in manchen Industriebereichen verloren über die Hälfte der Arbeiter ihre Arbeitsplätze. Im industriellen und produzierenden Gewerbe waren 25 bis 28 Prozent arbeitslos, wie heute in manchen Landstrichen im Osten der Republik.

Heute glauben Wirtschaftswissenschaftler, die sogenannte Gründerkrise war lediglich die Folge der Dummheiten aus den Jahren davor und eine notwendige, sogar vorteilhafte Korrektur. Durch diese Spekulationshausse, für die man faktisch kaum etwas geleistet hatte, war die Qualität der Produkte teilweise peinlich gesunken. Made in Germany bedeutete »billig und schlecht«. Der Markt war maßlos überhitzt und musste abkühlen. Und ein bisschen weh muss so eine Abkühlung schon tun.

»Als Bismarck den Sozialstaat einrichtete, war das eine Wende im Denken und Handeln sowie bei den Spielregeln«, sagte Abelshauser. Von diesem Zeitpunkt an sollte Deutschland nie wieder ein hundertprozentig »freier« Markt sein.

»Das soziale System der Produktion, das wir seit Bismarck aufgebaut haben, ist auf Qualitätsproduktion und hohe Spezialisierung ausgerichtet«, erklärte er. »Das hat Konsequenzen: dass wir zum Beispiel unsere wirtschaftliche Organisation nicht zuletzt auf den

Export gründen. Unser Finanzwesen, unsere Arbeitnehmer-Arbeitgeber-Beziehungen, unsere Qualifizierungsmaßnahmen und unser Ausbildungssystem, sogar unsere internationale Politik: Alles ist auf Langfristigkeit – heute würde man sagen Nachhaltigkeit – und Zusammenarbeit ausgerichtet. Die Stärke der Qualitätsproduktion kann sich nur entwickeln, wenn es zur Kooperation kommt, wenn Firmen sich gegenseitig die Teile der Produktion zuliefern. Dadurch bilden sich Cluster.«

»Sie meinen ›Klüngel‹?«, fragte ich.

»Nein, Cluster«, sagte er. »Cluster gibt es nicht nur im globalen Raum, sondern auch regional – Ostwestfalen zum Beispiel ist ein Cluster für Maschinenbau, Rhein-Main ein Cluster für Chemie, Baden-Württemberg ist ein berühmter Cluster für Maschinen- und Autobau, München für Elektro- und Wehrtechnik. In einem Cluster arbeiten viele Firmen eng zusammen, um ein hochqualifiziertes Produkt schnell aufzustellen und sicher zu liefern. In Deutschland wimmelt es von solchen Clustern.«

Abelshauser glaubt, auch die heutige Arbeitslosigkeit habe etwas mit der hohen Qualität der Produktion zu tun. Das deutsche System ist zu teuer, um viele Arbeiter mit niedriger Qualifikation zu unterhalten. Massenproduktion lässt sich besser in Billigländern betreiben. »In Deutschland hat sich die standardisierte Massenproduktion erst im Nationalsozialismus unter dem Druck der Rüstungsproduktion durchgesetzt«, betonte er. »Bis zu den 70ern war man auch erfolgreich darin, dann brach der Markt zusammen. So flüchtete man wieder in die Qualitätsproduktion, doch bis dahin hatte man schon einen hohen Anteil an unqualifizierten Arbeitskräften – aber keinen Arbeitsmarkt mehr für sie. Jetzt ist ein Drittel der deutschen Arbeiter weltweit nicht konkurrenzfähig.«

»Worin ist Deutschland denn konkurrenzfähig?«, fragte ich.

»Wir sind mittelmäßig bis gut in der Innovationsphase, wo die Grundlagenforschung allmählich anwendungsfähig wird«, sagte er. »Doch wir werden sehr, sehr gut, wenn aus diesen Innovationen Anlagen und Maschinen werden. Darin ist Deutschland hervorragend, im Wettbewerb fast nicht schlagbar.«

Ich fragte ihn nach dem Wirtschaftswunder. Die Frühstücksdiskussion in Berlin hatte mich nicht losgelassen – vor allem die Idee, dass mit dem vielen Geld des Marshall-Plans den Deutschen eigentlich keine Wahl gelassen wurde, als sich reich zu arbeiten. Das Wirtschaftswunder als Zwang, die Deutschen als passive Opfer ... diese Idee kam mir viel zu, na ja, zu deutsch vor, um wahr zu sein.

Erstens, meinte Abelshauser, war die Situation damals trotz der Zerstörung günstig. »Die Gesamtzahl der Anlagen und Maschinen, die noch intakt waren, war relativ hoch«, sagte er, »höher sogar als 1936. Die Anlagen waren jung und produktiv und in sehr vielen Branchen auf dem höchsten Stand der Technik, in der Elektrotechnik zum Beispiel, auch in der Chemie und im Maschinenbau, wo Deutschland führend war. Die Reparationen betrafen hauptsächlich Maschinen, und Deutschland hatte davon viel zu viel. Und das Arbeitskräftepotential war sehr hoch. In Westdeutschland gab es nach 1948 zehn Millionen Menschen mehr als vor dem Krieg! Sie kamen aus den verlorenen deutschen Ostgebieten – und es waren nicht nur Bauern, es waren in der Regel hochqualifizierte Leute.«

Und der Marshall-Plan? Das viele Geld?

Es gibt ein kleines Detail im Marshall-Plan, von dem viele Menschen heute nichts mehr wissen. Die meisten Deutschen halten ihn für ein rein deutsches Phänomen, als ob viele gute Menschen in Washington sich damals

Tag und Nacht den Kopf darüber zerbrochen hätten, wie man Deutschland helfen könnte. Nicht ganz. Der Marshall-Plan sollte nicht Deutschland, sondern Europa retten. Im Rahmen des *European Recovery Program* haben die USA zwischen 1948 und 1951 über 13 Milliarden Dollar (entspricht heute über 100 Milliarden US-Dollar) vor allem in Waren und Dienstleistungen an 16 europäische Länder ausgegeben, von Großbritannien über Portugal bis zur Türkei. Deutschland hat nur einen Bruchteil davon bekommen: 1,4 Milliarden US-Dollar, weniger als die anderen großen Länder. England bekam 3,3 Milliarden, Frankreich 2,7 Milliarden und Italien 1,5 Milliarden US-Dollar.

Alle anderen Länder haben erheblich mehr Geld bekommen, aber Deutschland hat aus seinem wenigen mehr gemacht – heute ist es in ganz Europa wirtschaftlich führend.

Und nicht nur das, die Deutschen haben es geschafft, das Geld auszugeben, und trotzdem ist es immer noch da. Es hätte ursprünglich an Amerika zurückgezahlt werden müssen, und die deutsche Bundesbank hat das Geld (im Gegenwert der Waren und Dienstleistungen) auch immer brav von der hiesigen Wirtschaft eingesammelt. Doch als die USA 1953 Deutschlands Schulden zum größten Teil erließen, lagen drei Milliarden Euro noch hier. Inzwischen sind es 12 Milliarden Euro geworden. Heute wie damals werden sie zur Wirtschaftsförderung genutzt.

Ich gebe zu, wir haben euch das Geld in den Hintern geschoben, aber dass ihr es tatsächlich behalten habt, das ist eine Leistung.

Mark Twain

Die schreckliche Deutsche Sprache

Oft ging ich ins Heidelberger Schloss, um mir die Raritätensammlung anzusehen, und eines Tages überraschte ich den Kustos mit meinem Deutsch. Ich redete ausschließlich in dieser Sprache. Er war sehr interessiert, und nachdem ich eine Weile gesprochen hatte, sagte er, mein Deutsch sei höchst seltsam, möglicherweise ein »Unikum«, und wollte es seinem Museum einverleiben.

Wenn er gewusst hätte, was mich diese Fertigkeit zu erwerben gekostet hatte, hätte er auch gewusst, dass jeder Sammler dem Ruin entgegenging, der sie kaufen wollte. Harris und ich hatten damals mehrere Wochen lang hart an unserem Deutsch gearbeitet, und obwohl wir gute Fortschritte erzielt hatten, war uns das nur unter großen Schwierigkeiten und Behinderungen gelungen, denn in der Zwischenzeit waren uns drei Lehrer weggestorben. Ein Mensch, der nicht Deutsch gelernt hat, kann sich gar keine Vorstellung davon machen, was das für eine komplizierte Sprache ist.

Ganz bestimmt gibt es keine andere Sprache, die so ungeordnet und so unsystematisch ist; man treibt völlig hilflos in ihr umher, hierhin und dahin; und wenn man schließlich glaubt, man hätte eine Regel erwischt, die festen Boden böte, auf dem man inmitten der allgemeinen Unruhe und Raserei der zehn Wortarten ausruhen könne, blättert man um und liest: »Der Schüler beachte sorgfältig folgende *Ausnahmen.*« Man lässt das Auge darüber hinweggleiten und entdeckt, dass es mehr Ausnahmen von der Regel als Beispiele für sie gibt. Und so geht man wieder über Bord, um wieder einen Ararat zu suchen und wieder Treibsand zu finden. So ging es mir und geht es mir noch. Jedes Mal, wenn ich glaube, einen dieser vier verwirrenden Fälle da zu haben, wo ich ihn meistern kann, schleicht sich eine scheinbar unbedeutende Präposition in meinen Satz ein, ausgestattet mit einer furchtbaren und ungeahnten Macht, und lässt den Boden unter mir wegbröckeln. Zum Beispiel erkundigt sich mein Buch nach einem bestimmten Vogel (es erkundigt sich immerzu nach Sachen, die niemandem irgendetwas bedeuten): »Wo ist der Vogel?« Nun ist – laut Buch – die Antwort auf diese Frage, dass der Vogel wegen des Regens in der Schmiede warte. Natürlich macht das kein Vogel, aber man muss sich eben an das Buch halten. Na gut, ich fange an, mir das Deutsch für diese Antwort auszuklamüsern. Ich fange notwendigerweise am falschen Ende an, denn das ist die deutsche Auffassung. Ich sage mir: »Regen« ist männlich – oder vielleicht weiblich – oder möglicherweise sächlich –, es macht jetzt zu viel Mühe nachzuschlagen. Also ist es entweder »der« Regen oder »die« Regen oder »das« Regen, je nachdem, was dabei herauskommt, wenn ich nachschlage. Im Interesse der Wirtschaft werde ich von der Hypothese ausgehen, er sei männlich. Sehr schön, dann ist es »der« Regen, wenn er sich nur in dem ruhenden Zustand des *Erwähntwerdens* befindet, ohne Weiterung oder Erörterung – Nominativ; aber wenn dieser Regen in gewissermaßen allgemeiner Weise auf dem Boden herumliegt, dann ist er genau lokalisiert, er *tut etwas* – das heißt, er *ruht* (was eine der Vorstellungen der deutschen Grammatik von »tun« ist), und das versetzt den Regen in den Dativ und macht »dem« Regen daraus. Dieser Regen jedoch ruht nicht, sondern tut *aktiv* etwas: er fällt – vermutlich, um dem Vogel in die Quere zu kommen –, und das zeigt *Bewegung* an, was die Wirkung hat, ihn in den Akkusativ rutschen zu lassen, und »dem« Regen zu »den« Regen macht. Nachdem ich das grammatikalische Horoskop dieses Falles fertiggestellt habe, melde ich mich zuversichtlich und gebe auf Deutsch bekannt, dass der Vogel sich »wegen den Regen« in der Schmiede aufhalte. Dann lässt mich der Lehrer gelinde mit der Bemerkung abblitzen, dass das Wörtchen »wegen«, sobald es in einen Satz hineinplatze, *stets* das Subjekt ohne Rücksicht auf die Folgen in den Genitiv versetze und dass deshalb dieser Vogel »wegen des Regens« in der Schmiede geblieben sei.

Übrigens: Von einer höheren Autorität erfuhr ich später, dass es eine »Ausnahme« gebe, die es einem gestatte, unter gewissen eigentümlichen und verwickelten Umständen »wegen dem Regen« zu sagen, aber dass diese Ausnahme ausschließlich bei Regen gelte.

Es gibt zehn Wortarten, und alle sind sie schwierig. Ein Durchschnittssatz in einer deutschen Zeitung ist eine erhabene und ehrfurchtgebietende Kuriosität; er nimmt eine Viertelspalte ein; er enthält alle zehn Wortarten – nicht in der gehörigen Reihenfolge, sondern durcheinandergewürfelt. Er ist hauptsächlich aus zusammengesetzten Wörtern gebaut, die der Schreiber an Ort und Stelle konstruiert hat und die in keinem Wörterbuch zu finden sind: sechs oder sieben in eines zusammengepresste Wörter ohne Naht oder Saum – das heißt ohne Bindestriche. Er handelt von vierzehn oder fünfzehn verschiedenen Gegenständen, jeder in einer eigenen Parenthese eingeschlossen, mit zusätzlichen Parenthesen hier und da, die wiederum drei oder vier Unterparenthesen einschließen, so dass Hürden innerhalb der Hürden entstehen; schließlich werden alle Parenthesen und Unterparenthesen zwischen zwei Überparenthesen zusammengeballt, deren eine in der ersten Zeile des majestätischen Satzes liegt und die andere in der Mitte der letzten Zeile – *und danach kommt das Verb*, und man bekommt zum ersten Mal heraus, wovon der Mann gesprochen hat; und nach dem Verb – nur als Verzierung, so weit ich es ausmachen kann – schaufelt der Schreiber *»haben sind gewesen gehabt haben geworden sein«* oder Worte ähnlicher Bedeutung hinein, und das Monument ist fertig. Ich nehme an, dass dieses abschließende Hurra so etwas wie der Schnörkel bei einer Unterschrift ist – nicht notwendig, aber hübsch. Deutsche Bücher sind ziemlich leicht zu lesen, wenn man sie vor den Spiegel hält oder sich auf den Kopf stellt – um den Aufbau umzukehren –, aber ich glaube, eine deutsche Zeitung lesen und verstehen zu lernen ist eine Sache, die einem Ausländer stets unmöglich bleiben muss.

Aber sogar die deutschen Bücher sind nicht ganz frei von Anfällen der Parenthesenstaupe – obwohl diese gewöhnlich so mild verläuft, dass sie nur ein paar Zeilen umfasst, und daher vermittelt das Verb, wenn man sich endlich zu ihm hingearbeitet hat, dem Verstand noch einen gewissen Sinn, weil man sich noch an eine ganze Menge von dem erinnern kann, was davor stand.

Die Deutschen haben noch eine Art von Parenthese, die sie bilden, indem sie ein Verb in zwei Teile spalten und die eine Hälfte an den Anfang eines aufregenden Absatzes stellen und die andere Hälfte an das Ende. Kann sich jemand etwas Verwirrenderes vorstellen? Diese Dinger werden »trennbare Verben« genannt. Die deutsche Grammatik ist übersät von trennbaren Verben wie von den Blasen eines Ausschlags; und je weiter die zwei Teile auseinandergezogen sind, desto zufriedener ist der Urheber des Verbrechens mit seinem Werk. Ein beliebtes Verb ist »reiste ab«. Hier folgt ein Beispiel, das ich aus einem Roman ausgewählt und ins Englische übertragen habe:

»Da die Koffer nun bereit waren, REISTE er, nachdem er seine Mutter und Schwestern geküsst und noch einmal sein angebetetes Gretchen an den Busen gedrückt hatte, die, in schlichten weißen Musselin gekleidet, mit einer einzigen Teerose in den weiten Wellen ihres üppigen braunen Haares, kraftlos die Stufen herabgewankt war, noch bleich von der Angst und Aufregung des vergangenen Abends, aber voller Sehnsucht, ihren armen, schmerzenden Kopf noch einmal an die Brust dessen zu legen, den sie inniger liebte als ihr Leben, AB.«

Es ist jedoch nicht richtig, allzu lange bei den trennbaren Verben zu verweilen. Ganz bestimmt verliert man dabei sehr bald die Geduld; und wenn man an dem Thema klebt und sich nicht warnen lässt, wird es einem schließlich das Gehirn erweichen oder verhärten. Personalpronomen und Adjektive sind in dieser Sprache eine wuchernde Plage und hätten weggelassen werden sollen. Der gleiche Laut »sie« zum Beispiel bedeutet »you« und bedeutet »she« und bedeutet »her« und bedeutet »it« und bedeutet »they« und bedeutet »them«. Man stelle sich die lumpige Armut einer Sprache vor, die ein Wort die Arbeit von sechsen tun lassen muss – und noch dazu ein armes, kleines, schwaches Ding von nur drei Buchstaben. Aber vor allem stelle man sich vor, wie es erbittert, wenn man nie weiß, welche dieser Bedeutungen der Sprecher ausdrücken will. Das erklärt, warum ich, wenn jemand »sie« zu mir sagt, gewöhnlich versuche, ihn umzubringen, wenn es ein Fremder ist.

Man betrachte nun das Adjektiv. Hier lag ein Fall vor, wo Einfachheit ein Vorteil gewesen wäre; deshalb und aus keinem anderen Grunde hat der Erfinder dieser Sprache es so sehr kompliziert, wie er nur konnte. Wenn wir in unserer erleuchteten Sprache von »our good friend or friends« sprechen wollen, halten wir uns an diese eine Form und haben keinen Kummer oder Ärger damit; aber bei der deutschen Sprache ist es anders. Wenn ein Deutscher ein Adjektiv in die Hände kriegt, dekliniert er es und dekliniert es immer weiter, bis der gesunde Menschenverstand ganz und gar herausdekliniert ist. Es ist genauso schlimm wie Latein. Er sagt zum Beispiel:

SINGULAR

Nominativ:	mein guter Freund	my good friend
Genitiv:	meines guten Freundes	of my good friend
Dativ:	meinem guten Freunde	to my good friend
Akkusativ:	meinen guten Freund	my good friend

PLURAL

Nominativ:	meine guten Freunde	my good friends
Genitiv:	meiner guten Freunde	of my good friends
Dativ:	meinen guten Freunden	to my good friends
Akkusativ:	meine guten Freunde	my good friends

Nun lasse man den Irrenhauskandidaten versuchen, diese Variationen auswendig zu lernen, und sehe zu, wie bald er aufgenommen wird. Man möchte in Deutschland lieber ohne Freunde auskommen, als sich ihretwegen all diese Mühe zu machen. Ich habe gezeigt, was es für eine Plage ist, einen guten (männlichen) Freund zu deklinieren; na, das ist nur ein Drittel der Arbeit, denn man muss eine Vielzahl neuer Verdrehungen und Adjektive lernen, wenn das Objekt weiblich ist, und noch eine weitere Vielzahl, wenn das Objekt sächlich ist. Nun gibt es in dieser Sprache mehr Adjektive als schwarze Katzen in der Schweiz, und sie müssen alle sehr sorgfältig dekliniert werden wie die oben angedeuteten Beispiele. Schwierig? Mühsam? Diese Worte können es gar nicht beschreiben. Ich habe einen kalifornischen Studenten in Heidelberg in seiner gelassensten Laune sagen hören, er würde lieber zwei Schnäpse ablehnen als ein deutsches Adjektiv deklinieren.

Der Erfinder dieser Sprache scheint sich ein Vergnügen daraus gemacht zu haben, sie in jeder Form, die er sich nur ausdenken konnte, zu komplizieren. Zum Beispiel schreibt man, wenn man zufällig über ein Haus oder ein Pferd oder einen Hund spricht, diese Wörter so, wie ich es getan habe; aber wenn man von ihnen im Dativ spricht, klebt man ein dummes und unnötiges -e dran und schreibt Hause, Pferde, Hunde. Da nun ein angehängtes -e oft den Plural bedeutet, wie das -s bei uns, wird der unerfahrene Schüler vermutlich einen Monat lang immerzu aus einem Dativhund Zwillinge machen, bevor er seinen Fehler entdeckt, und auf der anderen Seite hat manch unerfahrener Schüler, der sich einen Verlust kaum leisten konnte, zwei Hunde gekauft und bezahlt und nur einen bekommen, weil er, ohne es zu wissen, diesen Hund im Dativ des Singulars gekauft hat, während er tatsächlich annahm, er redete im Plural – wobei natürlich nach den strengen Regeln der Grammatik das Recht auf der Seite des Verkäufers lag und deshalb eine Klage auf Rückerstattung keinen Erfolg haben konnte.

Jedes Substantiv hat ein Geschlecht, und in dessen Verteilung liegt kein Sinn und kein System; deshalb muss das Geschlecht jedes einzelnen Hauptwortes für sich auswendig gelernt werden. Es gibt keinen anderen Weg. Zu diesem Zwecke muss man das Gedächtnis eines Notizbuches haben. Im Deutschen hat ein Fräulein kein Geschlecht, während eine weiße Rübe eines hat. Man denke nur, auf welche übertriebene Verehrung der Rübe das deutet und auf welche dickfellige Respektlosigkeit dem Fräulein gegenüber. Sehen wir mal, wie das gedruckt aussieht. Ich übersetze das aus einer Unterhaltung in einem der besten deutschen Sonntagsschulbücher.

Gretchen: »Wilhelm, wo ist die Rübe?«

Wilhelm: »*Sie* ist in die Küche gekommen.«

Gretchen: »Wo ist das gebildete und schöne englische Mädchen?«

Wilhelm: »*Es* ist in die Oper gegangen.«

Um mit deutschen Geschlechtern fortzufahren: Ein Baum ist männlich, seine Knospen sind weiblich, seine Blätter sind sächlich; Pferde sind geschlechtslos, Hunde sind männlich, Katzen sind weiblich – natürlich einschließlich der Kater; jemandes Mund, Hals, Busen, Ellbogen, Finger, Nägel, Füße und Leib gehören dem männlichen Geschlecht an, und sein Kopf ist männlich oder sächlich, je nach dem Wort, das zur Bezeichnung gewählt wird, und *nicht* nach dem Geschlecht der Person, die ihn trägt – denn in Deutschland tragen alle Frauen entweder männliche oder geschlechtslose Köpfe; jemandes Nase, Lippen, Schultern, Brust, Hände, Hüften und Zehen gehören dem weiblichen Geschlecht an; und seine Haare, Ohren, Augen, Kinn, Beine, Knie, Herz und Gewissen haben überhaupt kein Geschlecht. Der Erfinder der Sprache hat wahrscheinlich das, was er vom Gewissen wusste, vom Hörensagen erfahren.

Nun wird der Leser aus der oben aufgeführten Aufteilung erkennen, dass in Deutschland ein Mann vielleicht *glaubt*, er sei ein Mann, aber wenn er darangeht, die Sache eingehender zu betrachten, müssen ihm Zweifel kommen; er stellt fest, dass er in nüchterner Wahrheit eine überaus lächerliche Mischung ist; und wenn er sich schließlich mit dem Gedanken zu trösten versucht, er könne sich wenigstens darauf verlassen, dass ein Drittel des Durcheinanders männlich und maskulin ist, wird der erniedrigend zweite Gedanke ihn schnell daran erinnern, dass er in dieser Beziehung nicht besser dran ist als jede Frau oder Kuh im Lande.

In meinem Notizbuch finde ich folgende Eintragung:

»*1. Juli.* – Im Krankenhaus ist gestern einem Patienten mit Erfolg ein dreizehnsilbiges Wort entfernt worden – einem Norddeutschen aus der Nähe von Hamburg –, aber da ihn die Chirurgen unglücklicherweise unter dem Eindruck, er enthalte ein Panorama, an der falschen Stelle geöffnet hatten, ist er gestorben. Das beklagenswerte Ereignis hat die ganze Gemeinde in Trauer versetzt.«

Dieser Abschnitt liefert den Stoff für ein paar Bemerkungen über eine der seltsamsten und merkwürdigsten Besonderheiten meines Themas – die Länge der deutschen Wörter. Einige deutsche Wörter sind so lang, dass sie eine Perspektive aufweisen. Man beachte folgende Beispiele:

Freundschaftsbezeigungen.
Dilettantenaufdringlichkeiten.
Stadtverordnetenversammlungen.

Diese Dinger sind keine Wörter, sie sind alphabetische Prozessionen. Und sie sind nicht selten; man kann jederzeit eine deutsche Zeitung aufschlagen und sie majestätisch quer über die Seite marschieren sehen – und wenn man nur einen Funken Phantasie besitzt, kann man auch die Banner sehen und die Musik hören. Sie verleihen dem sanftesten Thema einen kriegerischen Schmiss. Ich interessiere mich sehr für solche Kuriositäten. Wenn ich auf eine gute stoße, stopfe ich sie aus und stelle sie in mein Museum. Auf diese Weise habe ich eine recht wertvolle Sammlung geschaffen. Wenn ich Dubletten bekomme, tausche ich mit anderen Sammlern und mehre so die Vielseitigkeit meines Bestandes. Hier folgen einige Exemplare, die ich kürzlich bei der Versteigerung der Habe eines bankrotten Nippesjägers gekauft habe:

Generalstaatsverordnetenversammlungen.
Altertumswissenschaften.
Kinderbewahrungsanstalten.
Unabhängigkeitserklärungen.
Wiederherstellungsbestrebungen.
Waffenstillstandsunterhandlungen.

Wenn sich eine dieser großartigen Bergketten quer über die Druckseite zieht, schmückt und adelt sie natürlich die literarische Landschaft – aber gleichzeitig bereitet sie dem unerfahrenen Schüler großen Kummer, denn sie versperrt ihm den Weg; er kann nicht unter ihr durchkriechen oder über sie hinwegklettern oder sich einen Tunnel durch sie hindurchgraben. Also wendet er sich hilfesuchend an sein Wörterbuch; aber da findet er keine Hilfe. Irgendwo muss das Wörterbuch eine Grenze ziehen – und so lässt es diese Art von Wörtern aus. Und das ist richtig, denn diese langen Dinger sind kaum echte Wörter, sondern eher Wortkombinationen, und ihr Erfinder hätte umgebracht werden müssen. Es sind zusammengesetzte Wörter, deren Bindestriche weggelassen sind. Die verschiedenen Wörter, aus denen sie aufgebaut sind, stehen im Wörterbuch, aber sehr verstreut, so dass man die Wörter nacheinander aufstöbern kann und schließlich den Sinn herauskriegt, aber das ist eine langwierige und aufreibende Beschäftigung. Ich habe dieses Verfahren an einigen der oben angeführten Beispiele ausprobiert. »Freundschaftsbezeigungen« ist nur eine dumme und ungeschickte Art, »demonstrations of friendship« zu sagen. »Unabhängigkeitserklärungen« ist keine Verbesserung gegenüber »Declarations of Independence«, finde ich. »Generalstaatsverordnetenversammlungen« ist, soweit ich es feststellen kann, bloß ein rhythmischer, überspannter, gespreizter Ausdruck für »meetings of the legislature«. In unserer Literatur hatten wir einmal eine ganze Menge Verbrechen dieser Art, aber sie sind jetzt verschwunden. Wir sprachen damals von einer »nie-zu-vergessenden« Sache, statt alles in das schlichte und hinreichende Wort »denkwürdig« zu zwängen und gelassen unseren Geschäften nachzugehen, als sei nichts geschehen. Damals waren wir nicht damit zufrieden, die Sache einzubalsamieren und auf anständige Weise zu begraben, wir wollten noch ein Monument darüber errichten.

Also! Wenn ich nicht bewiesen habe, dass das Deutsche eine schwierige Sprache ist, so habe ich es wenigstens beabsichtigt.

Meine philologischen Studien haben mich davon überzeugt, dass ein begabter Mann Englisch (ausgenommen Rechtschreibung und Aussprache) in dreißig Stunden lernen kann, Französisch in dreißig Tagen und Deutsch in dreißig Jahren. Es liegt also auf der Hand, dass die letztgenannte Sprache gestutzt und ausgebessert werden muss. Wenn sie so bleiben sollte, wie sie ist, müsste man sie sanft und ehrerbietig bei den toten Sprachen absetzen, denn nur die Toten haben Zeit, sie zu lernen.

Antonella Romeo

Die Gemütlichkeit

Wer sich daranwagt, auf Deutsch die positiven Seiten der Welt zu beschreiben, findet als Erstes die Wörter »gut«, »schön« und »nett«. Gleich darauf stößt er auf das schicksalhafte Wort »gemütlich«. Kaum ein Wort drückt einen derart komplexen Begriff aus, der im Italienischen nicht einfach mit »accogliente« zu übersetzen ist, was eher einem »behaglich« entspräche, vor allem aber einen konkreten Ort beschreibt. Das »Gemüt« hingegen, das sich in dem Wort »gemütlich« verbirgt, bezieht sich auf die vereinten Ausströmungen von Seele und Geist eines Menschen. »Gemütlich« ist, was Seele und Geist entgegenkommt und ein inneres Wohlbehagen erzeugt. Verantwortlich dafür sind in der Regel eine entspannte Umgebung, eine besondere Atmosphäre, eine Situation, in der man sich wohl fühlt.

Ein paar Negativbeispiele: Ein Kinderzimmer ist selten gemütlich, ebenso wenig wie eine taghell mit Neonlicht ausgeleuchtete Pizzeria. Ein Messestand ist nicht gemütlich, auch nicht ein rund um den Bahnhof entstandenes Neubaugebiet zu Füßen einer an den Berghang geschmiegten alten Kleinstadt am Mittelmeer.

Das deutsche Gemüt ist (im Unterschied zum italienischen) besonders empfindlich und empfänglich für den Einfluss der Umgebung, so dass die Deutschen sehr sorgfältig auf die Gestaltung ihres persönlichen Umfelds achten, innerlich wie äußerlich. Grundsätzlich versuchen sie, die Elemente, die Chaos, Unruhe und Unbehagen verursachen können, zu beherrschen. Obwohl sie die Natur sehr lieben, haben die Deutschen eine ganz eigene Art, sie zu zähmen, sie zugänglich und genießbar zu machen. Die nicht asphaltierten Feldwege sind wunderschön, ebenso wie die Pfade an Seeufern und durch die Wälder. An den Wanderwegen wird das Unterholz rigoros ausgeräumt, doch ein paar tote Bäume lässt man zum Nutzen von Pilzen, Ameisen und Mikroorganismen an Ort und Stelle liegen; das Gras, das dank üppigem Regen zu beiden Seiten der Wege wächst, wird regelmäßig gestutzt, damit es sie nicht überwuchert. Was den Durchgang nicht behindert, darf ungehemmt wachsen, auch Brennnesseln. Es gibt detaillierte Landkarten, in denen noch die kleinsten Sträßchen eingezeichnet sind. So bekommt jeder Ausflug eine gewisse Vorhersehbarkeit. Nie geschieht es, wie es in meinem Land häufig vorkommt, dass in den öffentlichen Anlagen eine Straße im Nichts endet oder man nicht weiß, wohin ein Weg führt.

Genauso akribisch wird die städtische Umwelt in Schuss gehalten, wo die Gehwege perfekt gepflastert sind. Wenn eine alte Frau auf einem beschädigten Abschnitt stolpert, könnte sie von der Stadt die Kosten für die Behandlung des gebrochenen Beins sowie Schmerzensgeld einklagen. Vor ein paar Jahren trat Franca, meine sechzehnjährige Kusine, in einer kalabresischen Kleinstadt vom Bürgersteig, setzte den Fuß falsch auf und stürzte. Kein Wunder, dass sie sich dabei den Arm brach, die arme Franca – sie musste eine Stufe von mindestens einem halben Meter auf eine steil abfallende Straße hinuntersteigen. Natürlich fiel niemandem ein, die Nachlässigkeit der Stadtverwaltung dafür verantwortlich zu machen. Stattdessen bekam die Verunglückte von allen Seiten Vorwürfe zu hören, weil sie nicht aufgepasst hatte.

Neben den Hamburger Gehsteigen verlaufen rot gepflasterte Radwege, in denen sofort einzelne Steine ausgewechselt werden, wenn eine Baumwurzel eine kleine Erhebung verursacht. Schließlich könnten sich auch die Radfahrer mit der Stadt anlegen! Aber die akkurate Instandhaltung der Straßen durch die Kommunen lässt sich nicht allein auf die Furcht vor Klagen zurückführen.

Wenn ich morgens vor acht meine Kinder mit dem Fahrrad zur Schule begleite, sehe ich die Leute das Stück Gehsteig vor ihrem Haus und den Randstein fegen. Manchmal befreien sie mit einem Rechen die Fläche rund um einen Baum von Blättern, trockenen Zweigen und Hundekot. Mit Schaufel und Besen kehren sie Kiesel und potentiellen Humus von städtischem Grund und Boden zusammen und tragen alles fort. Einmal sah ich einen Mann mit einem langen Rohr in der Hand, das an einen Motor angeschlossen war und einen Höllenlärm von sich gab: einem Hochdruckreiniger. Damit spritzte er unter hohem Druck Wasser auf ein rotes Backsteinmäuerchen. Angesichts der reichlichen Hamburger Niederschläge wird er mit seinem Gerät die Mauer nicht vom Staub, sondern von Moos und Schimmel in den Ritzen zwischen den Ziegelsteinen befreit haben; ich erkläre mir solche Anstrengungen mit einem in den Bürgern verankerten inneren Bedürfnis nach Harmonie mit der umgebenden Umwelt.

Als meine größere Tochter noch ein Säugling war, legte ich sie an langen, schönen Sommerabenden in den Kinderwagen und ging mit ihr in unserem Viertel spazieren, dem sehr urbanen und dicht bevölkerten Eimsbüttel. So kam es, dass ich stille Seitengässchen erkundete und noch die verstecktesten Winkel entdeckte. Ich betrachtete die zahlreichen Blumenbeete und roch ihren Duft, ging an dreistöckigen Häusern entlang, die in den sechziger Jahren mitten im Grünen emporgewachsen waren, sah die Kinderspielplätze und die Sitzbänke auf den Rasenflächen zwischen den Häusern. Ich ging durch ruhige Straßen, die an einem Ende geschlossen waren, um lästige Autofahrer und Nichtanrainer fern zu halten. Ich übte die deutschen Namen der Bäume, aus denen das vielstimmige Gezwitscher kleiner Vögel aller Art ertönte. Erst in Hamburg, im Alter von dreißig Jahren, lernte ich eine Linde von einem Ahorn zu unterscheiden und eine Kastanie von einer Eiche. Hier sah ich zum ersten Mal in meinem Leben einen Igel, eine reglose, stachelige kleine Kugel auf einer Wiese zwischen Häusern; eine kleine Schar Kaninchen sprang um ihn herum. Meine Spaziergänge in dieser städtischen Umgebung waren sehr entspannend für mich. Bestimmt hatte sie auf mein »Gemüt« dieselbe wohltuende Wirkung wie auf einen Einheimischen aus dem Viertel ein Spaziergang im Wald oder am Meeresstrand. Ich staunte und bewunderte insgeheim das Geschick, mit dem Stadtplaner und -verwalter selbst in neuerer Zeit eine so ansprechende Umgebung konzipiert hatten, einen idealen Treffpunkt für diese herrlichen Sommerabende.

Diese Orte und lauen Dämmerungen erhielten allerdings wenig Besuch. Gegen neun Uhr, unter noch blauem Himmel, streiften Hunde mit ihren Besitzern umher, und auf den Bänken saß hier und da eine einsame Seele in Gesellschaft einer Bierdose. Ein paar Kinder spielten, während ihre dunkeläugigen Eltern sich in einer mir unbekannten Sprache unterhielten und den ersehnten Sommer genossen.

Ausländer, die in Deutschland leben, haben gelernt, die Vorliebe der Deutschen für Stimmungen zu erkennen, und versuchen, ihr entgegenzukommen. Besonders aufmerksam sind die Griechen mit ihrem engmaschigen Netz von Lokalen, das sich über das gesamte deutsche Staatsgebiet breitet: Damit übertreffen sie sogar die Zahl der venezianischen Eisdielen und der Postämter. Die Griechen machen ihre Lokale »gemütlich«, errichten darin ganze Lauben aus Plastikweinreben samt Trauben und stellen gipserne Venus- und Apollostatuen auf Säulchen in die Fenster, die ihrerseits mit aufgeklebten Mäandern verziert sind. Es läuft immer dieselbe Kassette mit Volksliedern, die im Lauf eines Abends mehrmals umgedreht wird und wieder von vorne beginnt, damit die Melodien, die der nichtgriechische Gast schon während eines Griechenlandurlaubs, umweht vom Geruch des Meeres und der Jasminblüten, im Garten einer griechischen Taverne gehört hat, vertraut klingen.

Mein »ausländisches« Lieblingslokal wird von irakischen Kurden und Türken geführt, heißt »Aladin« und besteht aus zwei Räumen. Der eine ist mit Neonlampen taghell erleuchtet, im anderen brennen abgedunkelte Lampen und auf den Tischen Kerzen, und die Wände sind mit Figuren von Kaftan- und Turbanträgern vor gelbem und orangefarbenem Hintergrund bemalt. Die Deutschen nehmen im Halbdunkel des zweiten Raumes Platz, unterhalten sich flüsternd und verstehen einander kaum, weil die Gäste in dem neonhellen Raum nebenan lautstarke Unterredungen in levantinischen Sprachen führen.

Das Verhältnis zwischen Licht und Halbdunkel ist für das deutsche Gemüt sehr wichtig, mindestens ebenso wichtig wie das Gleichgewicht zwischen Klang und Stille. In meiner ersten Zeit hier im Norden, wenn ich bei Freunden eingeladen war und bei Kerzenlicht zu essen versuchte, hatte ich ständig Angst, den Suppenteller umzustoßen, während ich mich bemühte, von den Lippen meines dezenten Gegenübers abzulesen, was meine an südländischen Krach gewöhnten Ohren nicht verstanden. Ich versengte mir mehrere Ärmel an den Flammen, ehe ich lernte, die Kerzen auf dem Tisch beim Griff nach dem Salz oder einem Stück Brot zu umgehen.

Dieser Kerzenkult hat etwas Rührendes für mich. Es ist kurios anzusehen, wie eines der industrialisiertesten Länder der Welt auf Elektrizität verzichtet und sich auf das Flackern eines Flämmchens verlässt. Aber vielleicht ist es eben eine Reaktion auf das technologische Gefunkel, dass man sich in den trauten Schutz einer schattigen Nische flüchtet, wo sich ein Bezug zu einem natürlichen Element wie dem Feuer herstellen lässt. Wir Südländer hingegen, die wir aus rückständigeren Wirtschaftssystemen kommen, kämpfen noch gegen die Kräfte der Natur, wir dunkeln tagsüber unsere Wohnungen mit herabgelassenen Rollläden ab, und kaum ist es Abend, greifen wir zum Lichtschalter und erweisen der Erfindung des elektrischen Stroms mit strahlender Helligkeit die Ehre. Abgesehen davon verbinden wir Kerzenlicht unweigerlich mit den Gottesdiensten in der Kirche und vor allem auch mit den Toten, denen wir auf den Friedhöfen ähnliche Lichter anzünden wie die, die hier im Norden die Teekannen warm halten. Aber inzwischen bekommen selbst unsere Toten ewige (elektrische!) Lampen, die niemals niederbrennen, und ihre Gräber schmücken wir mit Plastikblumen (die nie verwelken!). Die Deutschen verwenden sogar echte Kerzen für den Tannenbaum. Wenn Weihnachten naht, das Fest der Gemütlichkeit schlechthin, werden überdimensionale Tannen in die Wohnungen geschleppt, deren abgetrennte Stämme Christbaumständer halten. Manche stellen den Stumpf auch direkt auf den Boden und befestigen die Spitze mit einem Drahtseil an der Decke … Mir tun diese Bäume ein bisschen leid, die so, wie sie am Haken von der Decke hängen oder in ihren Holz- oder Eisenprothesen stecken, im Wohnzimmer gewachsen zu sein scheinen, im Fußboden verwurzelt, während die Spitze im Jahr darauf die Decke durchbohren wird. Am Abend vor Weihnachten schmücken die Erwachsenen heimlich, ohne Wissen der Kinder, den Baum. Auf Leitern stehend, stechen sie sich die Finger an den Nadeln wund und beklagen sich, dass auch dieses Jahr wieder die Zweige zu schräg stehen, so dass es schwierig ist, die Halter für die echten Kerzen, die Heiligabend angezündet werden, daran zu befestigen.

Der Triumph der nordischen Gemütlichkeit ist die Vorweihnachtszeit, der Advent, durchweht vom Zimt- und Vanilleduft der Plätzchen und Sternchen, die einzeln mit Metallförmchen aus einer von Hand ausgerollten, dünnen Teigplatte ausgestochen werden: Monde, Herzchen, Engel ... Sie werden zehn Minuten im Ofen gebacken und dann mit Zitronen- oder Schokoglasur bestrichen und mit Rosinen, Mandelsplittern, Haselnüssen oder Smarties (!) verziert. Sie werden an den vier Adventssonntagen im Dezember zum Kaffee gereicht, wenn eine nach der anderen die vier Kerzen auf dem mit Kiefernzapfen, silbern bemalten Walnüssen, Strohsternen und Zimtstangen geschmückten Adventskranz angezündet werden. Die Mütter verwandeln sich in dieser Zeit unerwartet in Schutzengel der Tradition und strengen sich sehr an, um das Zuhause »gemütlich« zu gestalten, indem sie gemeinsam mit den Kindern alle Fensterscheiben mit Schneeflöckchen aus buntem Papier und die Fensterbretter mit Keksdöschen, vergoldeten Schächtelchen, bemalten Steinchen, kleinen Pralineneisenbahnen und schleifenverzierten Kerzchen schmücken.

Ich habe nie recht verstanden, weshalb meine deutschen Gäste mein Bäumchen, an das meine Kinder schon eine Woche vor Weihnachten Kugeln gehängt hatten, was wegen seiner geringen Größe leicht möglich war, mit Abscheu betrachteten. Ich fühlte mich beobachtet wie ein jüngst zum Christentum konvertierter Muslim. Ich selbst habe immer mit einer Mischung aus Bewunderung und Ärger zugesehen, wie unmenschliche Anstrengungen unternommen werden, um einen riesigen Baum zu schmücken, der zehn Tage lang in den überheizten Wohnungen langsam vor sich hin welkt und sich anschließend in Weihnachtssperrmüll verwandelt: Er wird zusammen mit anderen Christbäumen auf einen Haufen geworfen und irgendwann von der Stadtreinigung zerschreddert. Fast trauere ich dem Plastikbäumchen meiner Eltern nach, das, eben weil es unverwüstlich ist, für den Rest ihres Lebens ihr Weihnachten begleiten wird, und ich bewundere erstaunt die bedingungslose Hingabe der deutschen Mütter, die für die Kinder eine kleine Welt aus Zucker und Zimt erschaffen ... Ich muss ehrlich gestehen, dass ich die Tradition des Plätzchenbackens gern übernommen habe, weil ich als gute Italienerin die Bemühungen, Essbares herzustellen, zu schätzen weiß. Doch meine wiederholten Versuche, die komplizierte Konditorkunst der Miniaturmalerei und des Dekorierens zu lernen, sind fehlgeschlagen. Gut zurecht komme ich nur mit zwei sehr einfachen Plätzchenrezepten, die eine Freundin mir besorgt hat; sie verwendet sie selbst an ihrem Arbeitsplatz, einem Pflegeheim für alte Leute.

Mit der Stimmung hingegen hatte ich nie eine glückliche Hand – es gibt Dinge, die man als Kind lernt, die man im Blut hat, gleichsam in den Genen verankert ...

In manchen Jahren hätte ich meine Wohnung gern zur weihnachtsfreien Zone erklärt, zu einer Zuflucht vor dem epidemischen Wahnsinn um mich herum. In den Wochen vor Weihnachten gibt es keinen deutschen Freund mehr, der Zeit hat, ins Kino zu gehen. »Stress« ist das am häufigsten gebrauchte Wort zur Beschreibung der Organisationshektik während dieser Tage, vor allem bei jenen, die zu Weihnachten die vereinte Familie zu Gast haben: Onkel und Tante aus Dresden, Schwester und Schwager aus Costa Rica, die Großmama aus Berlin und den Bruder mit drei Kindern und amerikanischer Gattin aus New Jersey.

Wenn im Oktober die Tage schon recht kurz sind, basteln Mütter und Kinder Laternen aus Pappe, Seidenpapier und Klebstoff. Dann ziehen sie am späten Nachmittag, wenn es dunkel wird, mit den an Stäben hängenden Laternen und brennenden Kerzen darin durch die Straßen. Die langsam durch die Dunkelheit gleitenden Lichter sind ein unwirklicher Anblick – als wären kleine Waldgeister in die Stadt gekommen und verstreuten glitzernde Flocken. Erst als ich selbst Kinder hatte, die mich mit dieser deutschen Tradition bekannt machten, begriff ich, was die umherstreifenden, schwebenden Lichter im Dunkeln waren.

Alessias erste Laterne, die sie im Kindergarten gebastelt hatte, löste sich leider im Oktoberregen des Nachmittags auf, an dem für die Kinder ihrer Gruppe ein kleiner Umzug stattfand.

Aber im Dezember hörte es auf zu regnen, wir hatten Zeit, eine neue Laterne zu basteln, und eines Tages, als es kurz nach vier Uhr schon dunkel war, beschloss ich, mit den Kindern und ihren Laternen hinauszugehen.

Ich hatte schon meine wattierte Jacke an, als mich mein Ehemann an der Wohnungstür aufhielt. Ob ich übergeschnappt sei, im Dezember mit einer Laterne herumzulaufen? »Laternelaufen« findet im Oktober und November statt. Die Jacken wurden wieder ausgezogen.

Alles zu seiner Zeit. Oha! Der letzte Monat des Jahres hatte schon längst angefangen, und bei uns hing noch immer kein Adventskalender. Dafür, dass ich in unserer Familie Beauftragte für die deutschen Sitten war, hatte ich noch eine Menge zu lernen.

João Ubaldo Ribeiro

Der Zahlteller

Die Deutschen merken das nicht. Ich weiß das, weil ich schon versucht habe, mit einigen von ihnen darüber zu sprechen, aber sie verstehen nicht, was ich meine, und sehen nichts von dem, was ich sehe. Dafür fällt es aber auch anderen Brasilianern auf, also denke ich mir das nicht aus. Ich rede von Geld, genauer gesagt vom Bezahlen. Die Deutschen haben eine ganz andere Beziehung zum Geld als wir. Wer besser informiert ist, wird sagen, natürlich, denn in Deutschland gibt es Geld und in Brasilien nur ein paar komische Papierchen, die jede Woche anders aussehen und von der Regierung dennoch als Geld bezeichnet werden, was aber niemand glaubt. Wohl wahr, grausam wahr, und sicher hat es damit zu tun. Aber da ist noch etwas anderes. Denn ich war schon in vielen Ländern, wo es ebenfalls Geld gibt, und ich meine dennoch, die Deutschen sind anders.

Anfangs erschreckte uns das, und ich schrieb alles der Tatsache zu, dass ich aussehe wie ein paraguayischer Schmuggler, der von Interpol gesucht wird. Dann aber merkte ich, dass es ein verbreitetes Phänomen ist, und fand es unterhaltend. Ich wiederhole, dass dies für die Deutschen nicht wahrnehmbar ist, so wie ein Fisch wohl glaubt, die Welt bestünde nur aus Wasser. Denn wenn es ans Zahlen geht, entstehen sofort eine gewisse Anspannung und Nervosität, die erst dann vergehen, wenn man das Geld aus der Tasche geholt, bezahlt und das genauestens abgezählte Wechselgeld erhalten hat.

»Das macht achtzehnzweiundzwanzig«, sagt das Mädchen hinter dem Ladentisch. Ein schweres Schweigen breitet sich aus, während ihre Augen nervös der ganzen Operation zuschauen. Man hat den Eindruck, wenn draußen ein Kanonenschuss fällt, wird sie erst fragen, wer ihn abgefeuert hat, nachdem sie sich vergewissert hat, dass alles seine Richtigkeit habe. Es ist bezahlt, alles ist in Ordnung, die Spannung löst sich, Lächeln, fast erleichterte Seufzer – was für ein Krach war das eben da draußen? Hat jemand mit einer Kanone geschossen?

In einem Taxi in Rio fragt der Fahrgast, wie viel die Fahrt kostet, während der Fahrer sich über die Schlaglöcher beschwert, oder er fragt, ob dies nicht die Straße ist, in der eine berühmte Sängerin wohnt. In Deutschland hält der Fahrer an, stellt die Uhr ab, und bevor noch ein Wort fällt, nennt er den Fahrpreis. Ich kann mich nicht erinnern, in Deutschland je nach dem Preis irgendeiner Ware oder Dienstleistung gefragt zu haben. Sobald klar wird, dass ich kaufen will, sagt der Verkäufer, was ich schulde, ohne abzuwarten, ob ich frage (und wieder kommen sofort jene Anspannung und Nervosität auf). Wenn ich noch nie von Deutschland gehört hätte und plötzlich hier leben würde, würde ich eine ganze Zeit lang denken, es sei völlig normal, dass einer ein Geschäft betritt, etwas verlangt und ohne zu zahlen geht – daher diese Nervosität, wenn es ans Bezahlen geht.

Und schließlich der Zahlteller. Jetzt wissen wir schon, dass Gott, als er die Welt erschuf, auch den Zahlteller schuf, ohne den die Zivilisation nicht möglich wäre. Aber man braucht eine Weile, um sich daran zu gewöhnen. Mit dem Zahlteller bekam ich es gleich in den ersten Tagen meines Aufenthalts hier in Berlin zu tun. Es war im Tabakladen an der Ecke. Ich verlangte eine Schachtel Zigaretten, erfuhr sofort den Preis und streckte der Frau hinter der Theke das Geld hin. Aber sie betrachtete mich schweigend, streng und vielleicht sogar ein wenig ungeduldig. Ich verstand nicht, war leicht verwirrt und zählte das Geld noch einmal nach. Was war denn nur?

Da erst merkte ich, dass ihr Blick von meinem Gesicht zu dem Teller neben der Kasse ging. Diesen Teller kannte ich schon von vorangegangenen kurzen Aufenthalten in Deutschland, aber ich hatte ihn vergessen. Natürlich, der Zahlteller! Ich legte das Geld auf den Zahlteller, sie schaute zufrieden drein wie jemand, der gerade eine Lektion erteilt hat, dankte und legte das Wechselgeld auf den Teller.

Nach diesem Vorfall hatte ich noch einige Male Probleme, weil ich den Zahlteller vergessen hatte, wie zum Beispiel an dem Tag, als ich dem Busfahrer das Fahrgeld geben wollte und er irgendetwas sagte, was ich nicht verstand. Ich bin jedoch sicher, dass es nichts Schmeichelhaftes war. Jetzt vergesse ich das nicht mehr. Ich halte mich an die Bräuche dieses Landes und diskutiere nicht weiter.

Ich weiß nicht, warum die Deutschen nicht wollen, dass man ihnen das Geld direkt in die Hand gibt, ich weiß nicht einmal, ob das eine Forderung der Bundesbank ist. Nicht einmal ein Almosen gebe ich hier in Berlin jemandem direkt in die Hand. Ich werfe die Münze in den Hut oder die Schachtel neben dem Bittenden. Ich mache mich doch mitten auf dem Breitscheidplatz nicht lächerlich.

Und manchmal finde ich diesen Zahlteller, wie gesagt, ganz amüsant. Ich räche mich jeden Tag am Busfahrer, der mich einmal wegen meiner Zahlweise beschimpft hatte. Jetzt zähle ich die Münzen, achte darauf, dass viele Groschen dabei sind, und lege den Fahrpreis abgezählt als kleinen Münzturm auf den Teller. Und – Gott möge mir verzeihen – ich empfinde ein geradezu sadistisches Vergnügen dabei, wenn der Fahrer, aufgeschreckt, hastig die Münzen zählt und verteilt, zwei Sekunden später fast von seinem Sitz rutscht, erleichtert, dass alles stimmt und unter den Münzen kein Zloty oder so was war. Aber ich werde damit aufhören, denn ich habe Angst, dass eines Tages einer deshalb einen Herzinfarkt bekommt.

Olga Kaminer

Masja

Ich kehrte nach Deutschland zurück, fest entschlossen, mir dort eine neue Existenz aufzubauen und das Leben von vorne zu beginnen. Berlin schien mir dafür die richtige Stadt zu sein – so groß wie Leningrad, alt und im Krieg zerschossen, aber quicklebendig. In dieser bunten Menschengemeinschaft fühlte ich mich wohl. Als Erstes nahm ich mir vor, die Sprache endlich richtig zu lernen. Das war gar nicht so einfach. Unsere Studentengruppe im Deutsch-Intensivkurs bestand aus drei Dutzend junger Russen, Ukrainer und Russlanddeutscher. Sie brauchten keine Deutschkenntnisse für ihren Alltag, weil sie untereinander perfekt auf Russisch kommunizierten. Nur wenige betrachteten diesen Intensivkurs als eine ernste Angelegenheit. Die meisten quatschten die ganze Zeit über die üblichen Themen, die jeden Neuankömmling im Westen beschäftigen: den gerade angeschafften Gebrauchtwagen, neue Klamotten, Wohnungssuche. All das im ständigen Vergleich mit dem früheren russischen Leben. Das erste Jahr verbringt jeder mit solchen Vergleichen. Jeder Satz meiner Kommilitonen begann in der Regel mit »Also bei uns früher in Karaganda …«. Wenn man aufhört zu vergleichen, dann ist man in der Fremde angekommen, sagt ein Emigranten-Sprichwort. Ich nahm an diesen allgemeinen Diskussionen während des Unterrichts kaum teil, ich hatte andere Sorgen.

Die alte Leningrader Gewohnheit, nachts zu leben

und erst in der Morgendämmerung schlafen zu gehen, ließ sich nicht mit dem Beginn der ersten Unterrichtsstunde um 8 Uhr 15 vereinbaren. Um pünktlich in der Schule zu sein, musste ich um sechs aufstehen, der Weg vom Wedding nach Dahlem war lang. In der Regel trug ich zu dieser Stunde eine undurchsichtige Sonnenbrille. In der Schule angekommen, setzte ich mich auf die vorderste Bank, holte mein Heft und meinen Kugelschreiber aus der Tasche und nahm eine Pose ein, die große Lernbereitschaft signalisierte. Dann schloss ich die Augen hinter der Brille. Mein heimlicher Traum war, im Schlaf Deutsch zu lernen, eines Tages auf der vorderen Bank einzuschlafen und mit kompletten Deutschkenntnissen zur Zeugnisverleihung wieder aufzuwachen. Manchmal sah ich sogar im Traum, wie ich aufwachte, das Zeugnis aus der Hand des Schulleiters entgegennahm, ihm die Hand schüttelte und mich in fließendem Deutsch bedankte. Es war sehr schön, aber leider nur ein Traum.

Die Realität sah grässlich aus: Die ersten drei Monate konnte ich außer »Entschuldigung« und »Guten Morgen« so gut wie nichts auf Deutsch sagen. Nach Beendigung der ersten »Grundstufe« wurde unsere Gruppe aufgelöst und eine zusätzliche gegründet – mit Nachmittagsunterricht. Dorthin wechselte ich, und ab da ging es aufwärts.

Mein Freund Alex, ein sprachbegabter Mensch, hatte von Anfang an weniger Probleme als ich: Bereits in Leningrad glänzte er mit seinen Englischkenntnissen, in Berlin nun lernte er sehr schnell Deutsch und fand gleich viele neue Freunde und Freundinnen, mit denen ich nichts anfangen konnte. Zu diesem Zeitpunkt war unsere Beziehung bereits ziemlich zerrüttet, insofern war ich beinahe erleichtert, als er schließlich mit einer Deutschen durchbrannte. Doch ich war nicht allein.

Einmal sah ich im Winter, im Hinterhof unseres

Weddinger Hauses, einen großen schwarzen Kater, als ich wie immer zur Sprachschule ging. Er saß unter einem Busch und bewegte sich nicht. Als ich acht Stunden später zurückkam, war der Kater noch immer da. Ich beobachtete ihn. Außer der Eroberung der deutschen Sprache hatte ich nämlich beschlossen, mir unbedingt einen passenden deutschen Kater zuzulegen. Deswegen erregte diese Begegnung meine Aufmerksamkeit. Am Abend schaute ich mehrmals aus dem Fenster – auf unseren beleuchteten Hinterhof: Der Kater saß immer noch da, an derselben Stelle, er wirkte wie versteinert. Das ist ein Schicksalszeichen, dachte ich und ging runter. Mein Plan war, diesen Kater erst einmal als Gast zu mir einzuladen und dann abzuwarten. Sollte ihn jemand suchen, würde ich ihn dem rechtmäßigen Besitzer zurückgeben. Ich wollte keine Katze klauen. Was ich allerdings nicht wusste, war, ob mich dieser deutsche Kater verstehen konnte. Auf dem Hof sagte ich zu ihm auf Russisch »Kis-Kis-Kis«. Er zeigte keine Reaktion. Dann nahm ich ihn auf den Arm und brachte ihn in die Wohnung, er hatte nichts dagegen. In der Küche verschmähte der Kater jedoch alle Wurstsorten, die ich ihm anbot. Er nahm die gleiche Pose wie zuvor auf dem Hof ein – die Haltung eines Adlers, dem jemand die Flügel gestutzt hat –, setzte sich neben meinen Sessel und erstarrte. So saßen wir nebeneinander in dem verdunkelten Zimmer, bis kurz nach Mitternacht Stimmen auf dem Hof zu hören waren. Dort suchten Unbekannte mit Taschenlampen eindeutig nach einer Katze. Ich ging runter, um mit ihnen zu reden. Diese Leute waren jedoch nicht die Besitzer des Katers, sondern nur meine Nachbarn, die ich aber auch nicht kannte: gute Seelen, die den Kater unterm Busch ebenfalls gesehen hatten und ihm nun helfen wollten. Als sie erfuhren, dass er sich bereits bei mir in der Wohnung befand und also gut aufgehoben war, machten sie ihre Taschenlampen aus und gingen erleichtert in ihre Wohnung zurück. Ab da fühlte ich mich als rechtmäßige Besitzerin von Masja. Wie dieser Name zustande kam und was er bedeutet, kann ich nicht erklären. Masja war einfach das erste Wort, das mir in den Kopf kam, als ich den Kater sah. Er war groß, schwarz, mit weißen Flecken auf den Pfoten und hatte sonst keine besonderen Merkmale. Masja war weder klug noch dumm, weder schnell noch langsam, nicht lieb und nicht böse, nicht dick und nicht dünn, mit einem Wort – Masja eben. Später merkte ich, dass er wahrscheinlich einer türkischen Familie entflohen war: Er verschmähte die üblichen Katzenprodukte, reagierte aber sehr erfreut auf türkische Lebensmittel und aß sogar gerne türkisches Brot sowie Falafel. Die einzigen Katzenkonserven, die er mochte, waren die großen Büchsen von Aldi. Wenn er nicht aß und nicht schlief, spazierte Masja mit langsamen Schritten durch die Wohnung und schaukelte dabei mit dem Hintern. Masja war ein typischer Macho, er benahm sich so, als wäre er der Hausherr, mich schaute er gelegentlich an, als wäre ich seine Dienerin – nur dazu da, um ihm die Konservenbüchsen zu öffnen. Es wurde Frühling, ich machte zum ersten Mal die Balkontür auf, gleich am ersten Tag fiel er runter, tat aber im Nachhinein so, als wäre das genau sein Plan gewesen. Da wir zum Glück im zweiten Stock wohnten, passierte Masja nichts, er fiel genau in die Büsche, unter denen ich ihn gefunden hatte. Seinen Sturz vom Balkon nahm ich zum Anlass, an diesem wunderbaren Frühlingstag die Sprachschule zu schwänzen. Zur Entschuldigung schrieb ich einen Brief an den Schulleiter, in dem ich ihm mitteilte, dass ich an dem Tag unmöglich am Unterricht teilnehmen konnte, weil ich meinem vom Balkon gefallenen Kater erste und zweite Hilfe leisten musste.

Unsere Schulzeit ging sowieso langsam zu Ende. Die Prüfungen für die Grund- und Mittelstufe hatte ich hinter mir, mehrere Texte über Baumaßnahmen auf dem Potsdamer Platz auswendig gelernt und vorgetragen, dazu Texte über den wirtschaftlichen Aufschwung in den neuen Bundesländern, Texte über das Grundgesetz usw. ... Außerdem musste ich einen dreiseitigen Aufsatz über die Notwendigkeit des Abfall-Recyclings schreiben und einen zweiseitigen Aufsatz über die politische Lage in Südafrika. Ich fühlte mich auf jede Art der Konversation in Deutschland gut vorbereitet. Im Mai bekam ich mein Zeugnis und fand sofort eine Arbeitsstelle als Barkeeperin im Café »Luz« im Prenzlauer Berg. Meine erste Zeit dort war kein Zuckerschlecken, obwohl ich der Frühschicht von 10 bis 16 Uhr zugeordnet wurde, die als eine »leichte« Arbeitszeit galt – man musste hauptsächlich Frühstück servieren, und die Gäste waren noch nicht so zahlreich wie am späten Abend. Gleich am ersten Tag stellte ich fest, dass ich trotz meiner hervorragenden zweijährigen Sprachausbildung so gut wie gar keine kneipentauglichen Deutschkenntnisse besaß. Ich konnte den Gästen zwar was über den wirtschaftlichen Aufschwung in den neuen Bundesländern oder über die politische Lage in Südafrika erzählen, doch wenn ich den Satz hörte »Mach ma zwei Gezapfte und ein Gespritztes«, bekam ich kalte Füße. Einmal, als ich abkassieren wollte, sagte ein Gast zu mir: »Wartest du auf die Kohle?« Daraufhin erwiderte ich ihm auf hochdeutsch: »Nein, wir haben im Café eine Zentralheizung.« Unser Geschäftsführer, ein junger Schwabe mit spanischem Knall und guten Russischkenntnissen, krümmte sich vor Lachen hinter dem Tresen. Ich lernte aber jeden Tag etwas dazu. Später in der Nachtschicht offenbarten sich mir die restlichen Geheimnisse der deutschen Sprache. Trotz anfänglicher Schwierigkeiten gefiel mir der Job in der Kneipe. Ich lernte täglich neue und durchaus interessante Menschen kennen, unser Kneipenkollektiv war wahrscheinlich das, was man als eine gelungene Multikultimischung bezeichnet. Ich hatte Arbeitskollegen, die aus Venezuela, Ägypten, Chile und Kuba kamen, dazu noch einige Deutsche und Brasilianer. Alle waren supernett und freundlich.

Nicht selten endete die Schicht mit einer Party. Wie es oft in den Kneipen ist, verbrachte der größte Teil des Teams auch seine Freizeit am Arbeitsplatz, weil man dort günstiger konsumieren konnte. Die Anwesenheit des hungrigen Katers, der zu Hause auf mich wartete, disziplinierte mich aber diesbezüglich. Nachdem das Café »Luz« verkauft und die Mannschaft von dem neuen Betreiber vollständig ausgewechselt worden war, arbeitete ich weiter in verschiedenen anderen Kneipen zwischen der Prenzlauer und der Schönhauser Allee. Davon gab es jede Menge, und fast wöchentlich kamen neue dazu. In diesen Kneipen habe ich dann Wort für Wort die gesamten Wissensbestände aufgenommen, die notwendig sind, um ein sogenanntes Berliner Gespräch zu führen. Ich erfuhr, wie sich Wernesgrüner Bier von Becks unterscheidet, die BZ von der Berliner Zeitung und Hertha vom 1. FC Union. Als Russin hatte ich in diesen überwiegend spanisch-deutschen Kneipenkreisen einen Ausländerbonus. Viele Kunden waren scharf darauf, ihre Russischkenntnisse an mir auszuprobieren – entweder waren sie schon in Russland gewesen oder hatten Russisch in der Schule gelernt. Manche hatten schon mal eine russische Braut gehabt, andere wollten sich unbedingt eine zulegen.

Auf Umwegen landete ich schließlich in der Tanzkneipe »Akba Lounge« in der Srezkistraße. Sie befand sich im Erdgeschoss eines alten Hauses, in dem auf jeder Etage ein Kulturprojekt einquartiert war: eine

Malerwerkstatt im ersten Stock, eine Kunsttöpferei im zweiten, und ganz oben, unter dem Dach, befand sich ein Tanztheater. Anscheinend war dieses Kollektiv aber kein reines Tanztheater, sondern eins mit Sprechtheater-Elementen, man konnte die Schreie aus dem Proberaum sogar bis zu uns im Keller hören. Dort, erklärten mir die Kollegen, wird gerade »Schuld und Sühne« von Dostojewski geprobt – mit russischen und deutschen Schauspielern.

Beide Seiten hatten große Verständigungsschwierigkeiten. Jeden Abend kamen sie nach den Proben runter in die Kneipe, um sich zu beruhigen und zu betrinken. Die Regie-Frau trank Metaxa, die deutschen Schauspieler Bier, die russischen Wein, Bier, Wodka und alle anderen Getränke, die es in der »Akba Lounge« gab. Dabei schimpften sie weiter aufeinander: Die Russen vertraten das klassische Stanislawski-System, die Deutschen hielten sich für avantgardistische Brechtianer. An einem solchen Abend lernte ich einen der Russen näher kennen, einen imposanten jungen Mann mit langen schwarzen Haaren, einem Dreitagebart und großen blauen Augen. Er war aus Moskau nach Berlin gekommen und spielte bei dieser Truppe die Rolle eines Verbindungsmannes, eines Vermittlers zwischen den beiden Theatersystemen.

Mehrmals blieb Wladimir auch dann noch an der Theke sitzen, wenn alle anderen sich verabschiedet hatten und nach Hause gegangen waren. Meine Schicht war in der Regel um sechs Uhr früh zu Ende. Danach gingen wir zu mir oder zu ihm. Mein ehemaliger Freund Alex hatte zu diesem Zeitpunkt bereits eine deutsche Freundin gefunden und war mit ihr nach Frankfurt gezogen. Mit dem neuen Freund fing das Leben neu an. An meinem einzigen freien Tag in der Woche saßen wir eng zusammen in einer Disko, gingen durch die Nacht spazieren, durch alle Kneipen am

Kollwitzplatz, und tranken Sekt im Sonnenaufgang. Wladimir erzählte mir eine unglaubwürdige, aber lustige Geschichte nach der anderen – unter dem Motto: »Die Welt, die wir kennen, geht zu Ende.«

Die Autoren

Hatice Akyün wurde 1969 in Akpinar Köyü in Zentralanatolien geboren. 1972 kam sie mit ihrer Familie nach Deutschland, wo sie seither lebt. Hatice Akyün schreibt als freie Journalistin u.a. für den *Spiegel*, *Emma* und den *Tagesspiegel*. Sie wohnt in Berlin.

Thomas Baumann, geboren 1965, möchte wahrheitsgemäß beschrieben werden und dennoch sympathisch. Er hat einen Großteil seines Studiums der Slawistik, Politik und Philosophie erst spät abgebrochen und wechselte nach schillernden Hungerjahren als Rockjournalist ins Fernsehfach.

Roger Boyes wurde 1952 in Hereford/England geboren. Er studierte Theologie, Germanistik und Politikwissenschaften, arbeitete als Journalist in Warschau, Moskau und Rom u.a. für Reuters und die *Financial Times*. Seit 1999 ist er Deutschlandkorrespondent für die Londoner *Times*. Im *Tagesspiegel* erscheint alle zwei Wochen seine Kolumne »My Berlin«.

Luigi Brogna (1961–2007) wurde in Messina geboren und verbrachte die ersten zehn Jahre seines Lebens in Sizilien, bevor seine Eltern als Gastarbeiter nach Schwaben zogen. Mit seinem ersten Buch *Das Kind unterm Salatblatt* gelang ihm ein Publikumserfolg.

Maxim Gorski, geboren 1950 in Moskau, war von 1982 bis 1991 im sowjetischen Außenhandel sowie in Berlin und München tätig. Seit dem Ende der UdSSR zunächst freier Autor und Journalist, dann Rückkehr in die Wirtschaft als Repräsentant einer Firma für Erdgasröhrenventilschrauben. Nach wechselnden Wohnorten in den alten und neuen Bundesländern Deutschlands lebt er heute in London, kann sich aber keinen eigenen Fußballclub, sondern höchstens eine Eintrittskarte für Chelsea leisten.

Uli Hannemann, geboren 1965 in Braunschweig, lebt als Autor und Taxifahrer in Berlin-Neukölln. Er ist Mitglied der Berliner Lesebühnen »LSD – Liebe statt Drogen« sowie der »Reformbühne Heim & Welt« – zwei Stahlbäder lebendiger Textschöpfung, die seine Glossen und Kurzgeschichten entscheidend mitprägen.

Eric T. Hansen, Jahrgang 1960, wuchs in Hawaii auf, wo er seine Leidenschaft für das Mittelalter und für europäische Kultur entdeckte. Er kommt dem Ziel seiner Träume näher, als er nach Deutschland geschickt wird – als Mormonenmissionar. Er entschließt sich zu bleiben, studiert Mediävistik in München, tritt aus der Kirche aus und zieht nach Berlin, wo er bis heute als Journalist arbeitet.

Olga Kaminer wurde auf Sachalin geboren und zog mit sechzehn Jahren nach Leningrad, heute St. Petersburg, wo sie Chemie studierte. 1990 wanderte sie nach Deutschland aus. Olga Kaminer lebt mit ihrem Mann, dem Schriftsteller Wladimir Kaminer, und ihren zwei Kindern in Berlin.

Wladimir Kaminer, 1967 in Moskau geboren, studierte Theaterwissenschaften, bevor er vor zwölf Jahren ein Zugticket nach Berlin löste, wo er bis heute lebt. Er schreibt für verschiedene Tageszeitungen, hat eine eigene Radiosendung, eine Rubrik im ZDF-Morgenmagazin und organisiert im Kaffee Burger Veranstaltungen wie seine inzwischen berüchtigte »Russendisko«. Mit der gleichnamigen Erzählsammlung sowie dem Roman *Militärmusik* avancierte das

Multitalent Kaminer zu einem der beliebtesten und gefragtesten zeitgenössischen Autoren in Deutschland.

João Ubaldo Ribeiro wurde 1941 auf der Insel Itaparica, Bahia, geboren. Er ist einer der angesehensten und bekanntesten Autoren Brasiliens. Er studierte Politische Wissenschaften, war als Journalist und Hochschuldozent in Rio de Janeiro und in den USA tätig und lebte als Stipendiat in Lissabon und Berlin. Seit 1991 wohnt der Autor, dessen Werk mehrfach mit angesehenen Preisen ausgezeichnet wurde, wieder in Rio.

Carola Rönneburg lebt in Berlin und betreute bis 2001 als »Die Wahrheit«-Redakteurin der *taz* unter anderem die Kolumnen ihres Kollegen Ralf Sotscheck. Sie führt heute die Redaktion der kulinarischen Kampfschrift *Häuptling Eigener Herd*.

Antonella Romeo, 1962 geboren, studierte Geschichte in Turin und Journalismus in Mailand, wo sie auch als Redakteurin tätig war. Seit 1990 lebt sie in Hamburg. Sie hat als freie Journalistin für *Die Zeit*, *Spiegel Spezial* und andere Magazine sowie das deutschsprachige Programm »Radio Colonia« des WDR gearbeitet. Sie ist Mutter zweier deutsch-italienischer Kinder.

Rafik Schami, 1946 in Damaskus geboren, lebt seit 1971 in der Bundesrepublik Deutschland. Studium der Chemie mit Promotionsabschluss. Heute zählt er zu den erfolgreichsten Schriftstellern deutscher Sprache. Sein Werk wurde in 22 Sprachen übersetzt. Der Autor lebt in der Pfalz.

Asli Sevindim wurde 1973 in Duisburg geboren. Mit 17 machte sie erste Radiobeiträge für den Bürgerfunk und arbeitete bei Radio Duisburg, später beim WDR Funkhaus Europa. Unter dem Titel »Typisch deutsch« verfasste sie Kolumnen für die *Westdeut-*

sche Allgemeine Zeitung, in denen sie über ihr Leben als Deutsch-Türkin berichtete.

Mark Twain, eigentlich Samuel L. Clemens, lebte von 1835 bis 1910. Im Alter von zwölf Jahren musste er die Schule abbrechen und begann eine Lehre als Schriftsetzer. Mit 17 ging er nach New York, dann nach Philadelphia, wo er die ersten Reiseskizzen schrieb. Er gründete einen Verlag, musste aber 1894 Konkurs anmelden und ging auf Weltreise, um mit Vorträgen seine Schulden abzutragen. Mit seinem Roman *Tom Sawyer* wurde er weltberühmt.

Stefan Ulrich wurde 1963 in Starnberg geboren. Im August 2005 zog er mit seiner Frau und seinen beiden Kindern von München nach Rom um. Von dort berichtet er als Korrespondent der *Süddeutschen Zeitung* über Rom, Italien und den Vatikan.

Joseph von Westphalen, geboren 1945, zieht am liebsten über das her, was anderen teuer ist: Kirche, Militär und Vaterland sowieso, aber auch Wahlen, Eheschließungen und Scheidungen, Fußball, Biertrinken, Markenartikel. Alles, was Mode ist, erregt von vornherein seinen Missmut. Die ungewöhnlich ungnädigen Polemiken brachten ihm Etiketten wie »Verhöhnungskünstler«, »Schandmaul der Nation« und »Zeitgeistlästerer« ein.

Dietmar Wischmeyer arbeitet seit Ende der achtziger Jahre in der deutschen Humorwirtschaft. Zunächst beim Hörfunk, dann auch auf der Bühne und im Fernsehen. Das *Logbuch aus der Welt der Bekloppten und Bescheuerten* erscheint in vier Stadtmagazinen und im Radio. Der Autor lebt auf freiem Fuß im Landkreis Schaumburg, Niedersachsen.

Quellenverzeichnis

Hatice Akyün, *Dating mit Hans**. Aus: Hatice Akyün, *Einmal Hans mit scharfer Soße*, Copyright © 2005 Goldmann Verlag, München in der Verlagsgruppe Random House GmbH.

Thomas Baumann, *Achtung, Deutschland!** Aus: Thomas Baumann, *Die spinnen, die Deutschen*, Copyright © 2007 Piper Verlag GmbH, München.

Roger Boyes, *Made(n) in Germany*. Aus: Roger Boyes, *My dear Krauts*, aus dem Englischen von Axel Henrici, Copyright © 2007 Ullstein Buchverlage GmbH, Berlin (9. Auflage).

Luigi Brogna, *Alltägliche Katastrophen*. Aus: Luigi Brogna, *Spätzle al dente*, Copyright © 2007 Ullstein Buchverlage GmbH, Berlin.

Maxim Gorski, *Freie Fahrt für freie Bürger: Eine deutsche Schicksalsgemeinschaft*. Aus: Maxim Gorski, *Gebrauchsanweisung für Deutschland*, Copyright © 1996 Piper Verlag GmbH, München.

Uli Hannemann, *Deutsche Tugenden**. Aus: Uli Hannemann, *Neulich in Neukölln*, Copyright © 2008 Ullstein Buchverlage GmbH, Berlin.

Eric T. Hansen, *Die deutsche Wirtschaft**. Aus: Eric T. Hansen, *Planet Germany*, Copyright © 2006 S. Fischer Verlag GmbH, Frankfurt am Main.

Olga Kaminer, *Masja*. Aus: Olga Kaminer, *Alle meine*

* Titelformulierung der Herausgeberin

Katzen. Copyright © 2005 Ullstein Buchverlage GmbH, Berlin.

Wladimir Kaminer, *Rhabarber*. Aus: Wladimir Kaminer, *Mein Leben im Schrebergarten*. Copyright © 2007 Manhattan Verlag, München in der Verlagsgruppe Random House GmbH.

João Ubaldo Ribeiro, *Der Zahlteller*. Aus: João Ubaldo Ribeiro, *Ein Brasilianer in Berlin*, aus dem brasilianischen Portugiesisch von Ray-Güde Mertin, Copyright der deutschen Ausgabe © 1994 Suhrkamp Verlag, Frankfurt/Main.

Carola Rönneburg, *Meisterwerke des Bordrestaurantismus*. Aus: Ralf Sotscheck/Carola Rönneburg, *Christstollen mit Guinness*, Copyright © 2004 Ullstein Buchverlage GmbH, Berlin (2. Auflage).

Antonella Romeo, *Die Gemütlichkeit*. Aus: Antonella Romeo, *La deutsche Vita*, aus dem italienischen Manuskript übertragen von Barbara Schaden, Copyright © 2004 Hoffmann und Campe Verlag, Hamburg (2. Auflage).

Rafik Schami, *Nudelsalat**. Aus: Rafik Schami, *Gesammelte Olivenkerne aus dem Tagebuch der Fremde*, Copyright © 2007 Hanser Verlag, München (7. Auflage).

Asli Sevindim, *Ein deutsch-türkischer Geburtstag**. Aus: Asli Sevindim, *Candlelight Döner*, Copyright © 2005 Ullstein Buchverlage GmbH, Berlin.

Mark Twain, *Die schreckliche Deutsche Sprache*. Aus: Mark Twain, *Ein Amerikaner in Heidelberg*.

Stefan Ulrich, *Deutsche Weicheier im römischen Winter**. Aus: Stefan Ulrich, *Quattro Stagioni*, Copyright © 2008 Ullstein Buchverlage GmbH, Berlin.

Joseph von Westphalen, *Spaghetti-Tester al dente**. Aus: Joseph von Westphalen, *So sind wir nicht!: elf deutsche Eiertänze*, Copyright © 2000 Eichborn AG, Frankfurt/Main.

Angela Troni (Hrsg.)

Ich hab schon Schlimmeres erlebt

21 vergnügliche Urlaubskatastrophen

ISBN 978-3-548-26876-7
www.ullstein-buchverlage.de

Axel Hacke steht im Stau, Umberto Eco kämpft mit der Minibar, Sibylle Berg langweilt sich am Meer – wenn Autoren reisen, können sie was erzählen. In dieser Anthologie berichten berühmte Schriftsteller einmal nicht von traumhaften Orten, sondern von den kleinen und größeren Pannen, die einen Urlaub zur Katastrophe werden lassen. Ein Muss für jede Strandtasche!

»Top-Autoren verraten ihre Reisepannen – tröstliche Urlaubslektüre für Daheimgebliebene.« *Für Sie*

UB475

ullstein